Israël SHAHAK

HISTOIRE JUIVE / RELIGION JUIVE

Le poids de trois millénaires

Israël Shahak
(1933-2001)

HISTOIRE JUIVE / RELIGION JUIVE
Le poids de trois millénaires

avec une préface de Gore Vidal
et un avant-propos de Edward W. Saïd

Première publication en anglais *Jewish History, Jewish Religion: The Weight of Three Thousand Years* en 1994 par : Pluto Press Limited, 345 Archway Road, London N6 5AA

Publié par
Omnia Veritas Limited

ⓞMNIA VERITAS₈

www.omnia-veritas.com

Tous droits réservés. Aucune partie de cette publication ne peut être reproduite par quelque moyen que ce soit sans la permission préalable de l'éditeur. Le code de la propriété intellectuelle interdit les copies ou reproductions destinées à une utilisation collective. Toute représentation ou reproduction intégrale ou partielle faite par quelque procédé que ce soit, sans le consentement de l'éditeur, de l'auteur ou de leur ayants cause, est illicite et constitue une contrefaçon sanctionnée par les articles L-335-2 et suivants du Code de la propriété intellectuelle.

PRÉFACE	**11**
GORE VIDAL	11
AVANT-PROPOS	**15**
EDWARD W. SAÏD	15
LE COURS D'UNE VIE	**25**
CHAPITRE I	**27**
UNE UTOPIE FERMÉE ?	27
La définition de l'État juif	*29*
L'idéologie de la "Rédemption" de la Terre [ou : L'irrédentisme israélien]	*36*
L'expansionnisme israélien	*38*
Une utopie fermée ?	*44*
CHAPITRE II	**48**
PRÉJUGÉS ET DÉTOURNEMENTS DE SENS	48
Une émancipation venue de l'extérieur	*54*
Les obstacles à la compréhension	*58*
Une histoire totalitaire	*60*
Les mécanismes de défense	*64*
La tromperie continuelle	*68*
CHAPITRE III	**80**
ORTHODOXIE ET INTERPRÉTATION	80
Interprétation de la Bible	*88*
Structure du Talmud	*93*
Les dispenses	*99*
1. Le prêt à intérêt	99
2. L'année sabbatique	100
3. La traite des vaches le jour du sabbat	102
4. Le mélange des semences	103
5. Pain au levain	104
6. Le goy du sabbat	105
Les aspects sociaux des dispenses	109
CHAPITRE IV	**113**
LE POIDS DE L'HISTOIRE	113
Traits fondamentaux du judaïsme classique	*117*
Angleterre, France, Italie	*124*
Le monde musulman	*126*

  L'Espagne chrétienne *130*
  La Pologne *132*
  Les persécutions contre les juifs *138*
  L'antisémitisme moderne *143*
  La réponse sioniste *150*
  Affronter le passé *155*
CHAPITRE V **160**
 Les lois contre les non-juifs 160
  Meurtre et génocide *161*
  Sauver la vie *170*
   Profaner le sabbat pour sauver la vie *173*
  Les délits sexuels *185*
  Statut social, juridique, etc. *187*
  L'argent et les biens propres *189*
   1. Les cadeaux. *189*
   2. Le prêt à intérêt *189*
   3. Objets perdus *189*
   4. Tromperie en affaires. *190*
   5. Fraude, dol. *191*
   6. Vol simple, vol avec violence *191*
  Les gentils en terre d'Israël *192*
  Comportements injurieux et insultants *196*
  Attitudes envers le christianisme et l'islam *205*
CHAPITRE VI **209**
 Les conséquences politiques 209
ANNEXE **217**
DÉJÀ PARUS **233**

Souvent, il semble que l'esprit s'oublie, se perde, mais à l'intérieur, il est toujours en opposition avec lui-même. Il est progrès intérieur — comme Hamlet dit de l'esprit de son père : « Bien travaillé, vieille taupe ! »

G. W. F. Hegel

Nous reconnaissons notre vieil ami, notre vieille taupe qui sait si bien travailler sous terre pour apparaître brusquement …

K. Marx

Ce qu'il y a de terrible quand on cherche la vérité, c'est qu'on la trouve.

R. de Gourmont

PRÉFACE

Gore Vidal

Un jour, vers la fin des années 50, ce bavard de classe internationale, historien à ses heures, qu'était John Kennedy me racontait les débuts de la campagne présidentielle de Truman en 1948 : cela s'annonçait mal, tout le monde ou presque l'avait lâché ; c'est alors qu'un sioniste américain lui apporta une valise bourrée de deux millions de dollars, directement dans son train électoral. « Voilà pourquoi nous avons reconnu Israël avec une telle vitesse ! » Je n'étais pas plus que Kennedy un antisémite (à la différence de son père et de mon aïeul) : pour nous, ce n'était qu'une boutade de plus sur Truman et sur la sérénissime corruption du monde politique américain.

Malheureusement, la reconnaissance précipitée de l'État d'Israël a eu pour conséquence quarante-cinq années de tohu-bohu meurtrier, et l'anéantissement de l'espérance des compagnons de route du sionisme : l'avènement d'un État pluraliste, qui tout en demeurant la patrie de sa population indigène de musulmans, chrétiens et juifs, serait devenue aussi la patrie d'immigrants juifs pacifiques d'Europe et d'Amérique, y compris la patrie de ceux qui affectaient de croire que le grand agent immobilier des cieux leur avait attribué à perpétuité les terres de Judée et de Samarie. La plupart des immigrants étant de bons socialistes d'Europe, nous supposions qu'ils n'admettraient pas la transformation du nouvel État en une théocratie, et que les natifs de Palestine pourraient vivre avec eux en égaux. Il ne devait pas en être ainsi. Je ne reviendrai pas sur les guerres et les affres de cette malheureuse région du monde. Ce que je tiens à dire, c'est que la vie politique et intellectuelle des États-Unis d'Amérique a été empoisonnée par la création précipitée d'Israël.

Qui se serait attendu que notre pays en devienne le grand protecteur ?

Jamais, dans l'histoire des États-Unis, une minorité n'a soutiré autant d'argent au contribuable américain pour l'investir dans son "foyer national". C'est comme si nous avions dû financer une reconquête par le pape de ses anciens États, sous prétexte qu'un tiers de l'électorat américain est catholique. Une telle idée aurait évidemment déchaîné une tempête de protestations et le Congrès aurait dit non. Or, le fait est qu'une petite minorité religieuse (moins de 2%) a acheté ou intimidé 70 sénateurs, soit les deux tiers requis pour invalider un (très éventuel) veto présidentiel, et ce avec le soutien entier des médiats[1].

Dans un sens, j'admire la façon dont ce lobby a obtenu qu'au fil des années, des milliards de dollars soient détournés pour faire

---

[1] Médiats(sic). A l'instar de Bernard Notin dans son article "Le rôle des médiats dans la vassalisation nationale : omnipotence ou impuissance ?" la Vieille Taupe se range sous la bannière orthographique de R. Salmon, qui a expliqué, dans "La communication médiatisée" (Revue des Sciences Morales et Politiques, n°1, 1986, pages 35-51) que plusieurs membres de l'Académie, à la commission du dictionnaire, recommandaient cette orthographe pour quatre raisons : la forme adjective est attestée depuis des siècles ; en devenant substantif, les règles de la langue sont respectées ; une utilisation correcte est possible au singulier et au pluriel ; tous les dérivés souhaitables existent." (v. V.T. n°1, p. 136)

d'Israël un "rempart contre le communisme" — alors que ni celui-ci, ni l'URSS, ne se sont jamais vraiment affirmés dans la région. Mais l'ancienne amitié qui nous liait au monde arabe a été brisée, et il s'est retourné contre nous.

Voilà tout le résultat auquel les États-Unis, quant à eux, sont parvenus.

Parallèlement, les fausses informations, voire les mensonges impudents sur ce qui se passe au Moyen-Orient, se sont multipliés et enracinés ; et la principale victime en est — outre le contribuable américain — l'ensemble des juifs des États-Unis, constamment bousculés par les Begin, les Shamir et autres terroristes professionnels. Pis encore, à quelques honorables exceptions près, les intellectuels juifs des États-Unis ont abandonné leurs positions libérales en faveur d'alliances démentielles avec la droite chrétienne (antisémite, qui plus est) et le "complexe militaro-industriel". L'un d'eux a carrément écrit en 1985 que si les juifs, lors de leur arrivée sur la scène américaine, « ont trouvé dans l'opinion publique libérale et chez les hommes politiques libéraux plus de sympathie, plus de compréhension pour leurs préoccupations », désormais il est dans leur intérêt de s'allier avec les protestants intégristes. En effet, « à quoi servirait aux juifs de s'accrocher dogmatiquement, hypocritement, à leurs opinions des premières années ? » La gauche américaine s'est alors divisée, et ceux d'entre nous qui critiquaient nos anciens camarades juifs pour leur opportunisme mal inspiré se sont vus sans tarder affublés des épithètes rituelles d'"antisémite" ou de "juif animé par la haine de soi".

Heureusement, la voix de la raison est bien vivante, notamment en Israël.

À Jérusalem, Israël Shahak ne cesse d'analyser non seulement la sinistre politique d'Israël aujourd'hui, mais le Talmud lui-même et l'influence de toute la tradition rabbinique sur un petit État, que la droite religieuse compte transformer en une théocratie réservée aux seuls juifs. Cela fait des années que j'apprécie Shahak : son esprit satirique face aux absurdités où s'empêtre toute religion qui cherche à rationaliser l'irrationnel ; la sagacité avec laquelle il décèle les contradictions textuelles. C'est un plaisir de lire ses pages sur Maimonide, grand médecin et philosophe, et grand pourfendeur de gentils.

Inutile de le dire, les autorités israéliennes, quant à elles, n'apprécient pas du tout Shahak. Mais que faire contre un docteur, professeur de chimie à la retraite, né à Varsovie en 1933, qui a passé son enfance dans le camp de concentration de Belsen, est arrivé en Israël en 1945, a servi dans l'armée, et n'est même pas devenu marxiste quand c'était à la mode ?

Shahak est toujours resté un humaniste, un adversaire irréductible de l'impérialisme, qu'il soit imposé au nom du Dieu d'Abraham ou de George Bush. Il s'attaque également, avec beaucoup d'humour et d'érudition, à la veine totalitaire du judaïsme. Tel un Thomas Paine d'une haute culture, Shahak illustre à la fois la perspective qui s'ouvre à nous et notre long passé. Entre les deux, année après année, il poursuit son raisonnement.

Ceux qui l'écoutent en deviennent certainement plus avisés et — oserai-je le dire ? — meilleurs.

Shahak est le dernier en date, sinon le dernier tout court, des grands prophètes

AVANT-PROPOS

Edward W. Saïd

Israël Shahak, professeur émérite de chimie organique à l'université hébraïque de Jérusalem, est l'un des hommes les plus remarquables du Moyen-Orient contemporain. Je l'ai rencontré pour la première fois, et j'ai commencé à correspondre régulièrement avec lui depuis près de vingt-cinq ans. C'était dans le sillage de la guerre de 1967, puis dans celui de la guerre de 1973. Né en Pologne, il avait survécu à son internement dans plusieurs camps de concentration nazi, puis avait gagné la Palestine immédiatement après la Seconde guerre mondiale.

Comme tous les jeunes Israéliens de l'époque il a fait son service militaire et il a régulièrement accompli ses devoirs de réserviste, comme l'exige la loi israélienne. Doté d'une intelligence implacable, inlassablement curieuse et acharnée à prouver, Shahak poursuivait sa carrière d'enseignant et de chercheur universitaire reconnu — il se voyait souvent distingué comme le meilleur professeur par ses étudiants et recevait des prix en récompense de la qualité de son travail — et en même temps il commençait à percevoir in petto les souffrances et les privations que provoquaient le sionisme et les pratiques de l'État d'Israël, non seulement à l'égard des Palestiniens de la bande de Gaza et de Cisjordanie, mais aussi à l'encontre de l'importante minorité "non-juive" (c'est-à-dire palestinienne) constituée de ceux qui n'étaient pas partis lors de l'expulsion de 1948, qui était restés sur place, et sont devenus depuis citoyens israéliens. Ces réflexions l'ont amené à une enquête systématique sur la nature de l'État d'Israël, sur son histoire, et sur les discours idéologiques et politiques qui, comme il l'a vite compris, étaient méconnus de la plupart des étrangers, et surtout des juifs de la diaspora pour qui Israël était un état merveilleux, démocratique et miraculeux, méritant soutien et défense inconditionnels.

Plus tard, il a fondé et, pendant plusieurs années, présidé, la *Ligue israélienne des Droits de l'Homme*, un groupe relativement restreint, constitué de gens qui, comme lui, croyaient que les droits devraient être les mêmes pour tous, et donc pas seulement pour les juifs. C'est dans ce cadre précis que j'ai pris connaissance de son travail pour la première fois.

La particularité qui l'a distingué immédiatement, à mes yeux, de la plupart des "colombes" juives, israéliennes et non-israéliennes, c'est qu'il était le seul à affirmer la vérité sans ornement, sans se demander si cette vérité, dite simplement, pourrait ne pas être "bonne" pour Israël ou pour les juifs.

Il était profondément et, dirais-je, agressivement et radicalement non-raciste et antiraciste dans ses écrits comme dans ses déclarations publiques ; il y avait une norme, et une norme seulement…, pour considérer les infractions contre les droits de l'homme. Peu importait donc si, la plupart du temps, il était question de signaler des agressions commises par des juifs contre des Palestiniens. Car pour lui, en tant qu'intellectuel, il devait témoigner contre ces agressions.

Il n'est pas exagéré de dire qu'il adoptait si strictement cette attitude qu'il devint bientôt extrêmement impopulaire en Israël. Je me souviens, il y a environ quinze ans, il avait été déclaré mort, alors qu'il était, bien entendu, parfaitement vivant. Le

Washington Post avait annoncé sa "mort" dans un article qui, même après une visite qu'il a effectuée au bureau de ce journal, comme il l'a joyeusement raconté à ses amis, pour montrer qu'il n'était pas mort, n'a jamais fait l'objet d'une correction ! Ainsi pour certaines personnes, il est toujours "mort", un vœu — fantasme qui révèle combien il met mal à l'aise certains des "amis d'Israël".

Il faudrait aussi remarquer que sa façon de dire la vérité a toujours été rigoureuse et sans compromis. Elle ne doit rien aux charmes du séducteur.

Aucun effort n'est fait pour l'exprimer plus "gentiment", ni pour la rendre plus acceptable ou explicable.

Pour Shahak la tuerie égale le meurtre, égale la tuerie, égale le meurtre : sa manière à lui, c'est de répéter, de choquer, de secouer les paresseux ou les indifférents, afin qu'ils prennent conscience, une conscience galvanisée par la souffrance humaine dont ils pourraient être responsables. Il a parfois offusqué et fâché des gens, mais cela faisait partie de sa personnalité et, on doit le dire, du sens de la mission qui est la sienne. Avec feu le professeur Yéhoshoua Leibovitch — un homme qu'il admirait profondément et avec qui il avait souvent collaboré — Shahak a approuvé l'expression "judéo-nazi" pour qualifier les méthodes employées par les Israéliens afin d'assujettir et d'opprimer les palestiniens. Pourtant il n'a jamais rien dit ni écrit qu'il n'ait observé lui-même, vu de ses propres yeux, connu directement. Ce qui l'a démarqué de la plupart des autres israéliens, c'est qu'il a fait le rapport entre le sionisme, le judaïsme, et les actions répressives prises à l' égard des "non-juifs", et bien entendu, il en a tiré les conclusions.

Une grande partie de ce qu'il écrit a pour objectif de dévoiler la propagande et ses mensonges. Israël est un cas unique au monde si l'on considère les excuses qu'on lui accorde : les journalistes ne voient pas, ou n'écrivent pas ce qu'ils savent être vrai, de peur qu'on les mette sur la liste noire, ou parce qu'ils craignent des éventuelles représailles. Des personnalités politiques, culturelles, et intellectuelles, surtout en Europe et aux États-Unis, se donnent grand-peine pour louer Israël et lui faire pleuvoir des largesses telles qu'aucun autre pays de la terre n'en a connues, bien que beaucoup de ces personnalités soient conscientes de ces injustices. De celles-ci elles ne disent rien. Le résultat en est un écran de fumée idéologique que Shahak, plus que tout autre, a tâché de dissiper. Lui-même, victime et survivant de l'holocauste[2], il sait ce qu'est l'antisémitisme.

Pourtant à la différence de beaucoup d'autres il ne permet pas aux horreurs de l'holocauste de manipuler la vérité de ce que, au nom du peuple juif, Israël a fait aux Palestiniens. Pour lui, la souffrance n'est pas l'apanage exclusif d'un groupe de victimes. Elle devrait plutôt être — mais l'est rarement — une base pour servir à l'humanisation des victimes, à qui il incomberait de ne pas faire subir à autrui des souffrances semblables à celles qu'ils ont subies. Shahak a conjuré ses compatriotes de ne pas oublier

---

[2] Holocauste : n. m. (gr. holos, tout, et kalein, brûler). Sacrifice en usage chez les juifs, et dans lequel la victime était entièrement consumée par le feu. // La victime ainsi sacrifiée. // Sacrifice, immolation de soi-même : l'holocauste du Christ sur la croix. // Offrande entière et généreuse, sacrifice : s'offrir en holocauste à la patrie. Larousse Universel, 2 vol., Paris 1969, p. 772 — L'utilisation de ce terme pour nommer les persécutions et le sort dont furent victimes les juifs au cours de la deuxième guerre mondiale, dont Élie Wiesel revendique l'initiative et qui fut popularisée par un film hollywoodien, ne semble pas pertinent, ni pour nommer le sort des juifs en général, ni celui d'Israël Shahak en particulier.

que le fait d'avoir enduré une affreuse histoire d'antisémitisme ne leur donne pas le droit de faire ce qu'ils veulent, du simple fait d'avoir souffert. Il n'est pas étonnant donc qu'il ait été si impopulaire, puisqu'en disant de telles choses, Shahak discréditait moralement les lois et les pratiques politiques d'Israël envers les Palestiniens.

Il va encore plus loin : Shahak est absolument et infatigablement laïque en ce qui concerne l'histoire humaine. Par cela je ne veux pas dire qu'il soit contre la religion, mais plutôt qu'il est contre l'utilisation de la religion pour expliquer des événements, justifier des politiques irrationnelles et cruelles, favoriser son propre groupe de "croyants" au détriment des autres. Ce qui est également surprenant c'est que Shahak n'est pas, à proprement parler, un homme de gauche. A de nombreux égards il est très critique du marxisme, et fait remonter la source de ses principes aux libres-penseurs et libéraux européens et à de courageux intellectuels célèbres comme Voltaire et Orwell. Ce qui rend Shahak encore plus redoutable en tant que défenseur des droits des Palestiniens est le fait qu'il ne succombe pas à l'idée sentimentale selon laquelle, parce qu'ils ont souffert sous Israël, les Palestiniens doivent être excusés de leurs âneries. Loin de là : Shahak a toujours été très critique de l'inconstance de l'O.L.P., de sa méconnaissance d'Israël, de son incapacité à s'y opposer résolument, de ses compromis miteux, de son culte de la personnalité, et plus généralement de son manque de sérieux. Il s'est toujours élevé avec force contre la vengeance, et les assassinats "pour l'honneur" de femmes palestiniennes, et il a toujours été un partisan déterminé de la libération féministe.

Pendant les années quatre-vingt, lorsqu' il devint à la mode pour les intellectuels palestiniens et quelques responsables de l'O.L.P. de rechercher le "dialogue" avec les colombes israéliennes de "La Paix Maintenant", du parti travailliste et du

Méretz, Shahak en était exclu d'office. D'une part, il était extrêmement critique à l'égard du camp pacifiste israélien à cause de ses compromissions, de son habitude honteuse de faire pression sur les

Palestiniens plutôt que sur le gouvernement pour obtenir des changements politiques, et à cause de sa mauvaise volonté à se libérer de l'obligation de "protéger" Israël en ne disant jamais rien de critique à son sujet à des non-juifs. D'autre part, il ne fut jamais un politicien : il ne croyait tout simplement pas aux poses et aux circonlocutions dont les gens imbus d'ambition politique sont toujours friands. Il se battait pour l'égalité, la vérité, une vraie paix et un véritable dialogue avec les Palestiniens. Les colombes officielles luttaient pour des arrangements qui permettraient le genre de paix qu'ont apporté les accords d'Oslo, et que Shahak fut l'un des premiers à dénoncer. Mais, parlant en tant que Palestinien, j'avais toujours honte de ce que les activistes palestiniens, si avides de dialogues en secret ou en public avec des travaillistes ou avec le Méretz, refusent tout contact avec Shahak. Pour eux, il était trop radical, trop direct, trop marginal vis-à-vis du pouvoir officiel. Je pense qu'en secret, ils craignaient aussi qu'il ne soit critique à l'égard de la politique palestinienne. Et il l'eût certainement été.

Outre son exemple d'intellectuel toujours fidèle à sa vocation, n'admettant pas de compromis en regard de la vérité telle qu'il la perçoit, Shahak a rendu un immense service, pendant des années, à ses amis et sympathisants à l'étranger. Partant de l'idée juste selon laquelle la presse israélienne était paradoxalement plus près de la vérité et plus informative que les médiats arabes ou occidentaux, il a traduit sans relâche, annoté, puis reproduit et expédié, des milliers d'articles de la presse en langue hébraïque. Un tel service ne saurait être surestimé. En ce qui me concerne, en tant qu'auteur qui a parlé et écrit sur la

Palestine, je n'aurais pas pu faire ce que j'ai fait sans ses papiers et bien sûr son exemple de chercheur de la vérité, de la connaissance, et de la justice. C'est aussi simple que cela.

J'ai envers lui une immense dette de reconnaissance. Il accomplissait ce travail à ses propres frais le plus souvent, et pendant ses heures libres.

Les notes qu'il ajoutait et les petites introductions qu'il composait pour ses sélections mensuelles de la presse étaient d'une valeur incalculable pour leur esprit cinglant, leur perspicacité informative, leur patience inlassablement pédagogique. Pendant tout ce temps, bien entendu, Shahak continuait ses recherches scientifiques et son enseignement, qui n'avaient rien à voir avec ses annotations et ses traductions.

D'une façon ou de l'autre il trouvait aussi le temps de devenir le plus grand érudit que j'aie jamais connu. L'étendue de ses connaissances en musique, en littérature, sociologie, et surtout en histoire — d'Europe, d'Asie et d'ailleurs — est, d'après mon expérience, sans rivale. Mais c'est en tant que spécialiste du judaïsme qu'il dépasse tant d'autres, puisque c'est le judaïsme qui a occupé son énergie de savant et d'activiste depuis le début.

Depuis quelques années, il avait commencé d'éclairer ses traductions de commentaires qui devinrent bientôt des documents mensuels de plusieurs milliers de mots sur un seul sujet — par exemple le véritable arrière-fond rabbinique de l'assassinat de Rabin, ou encore pourquoi Israël devait faire la paix avec la Syrie (curieusement parce que la Syrie est le seul pays arabe qui puisse réellement lui faire du mal militairement) — et ainsi de suite. Ceux-ci constituaient d'inestimables sommaires de la presse mais aussi des analyses extrêmement perspicaces, souvent dynamiques, des tendances, des courants et des questions actuelles que les grands médiats embrouillent ou passent sous silence la plupart du temps.

J'ai toujours connu Shahak comme un historien prodigieux, un intellectuel brillant, un esprit universel, un érudit, et un activiste politique ; mais comme je l'ai suggéré précédemment je me suis finalement rendu compte que son "hobby" principal avait été l'étude du judaïsme, des traditions rabbiniques et talmudiques, et des travaux sur le sujet. Le présent livre est donc une puissante contribution à ces choses-là. Il n'est rien de moins qu'une histoire concise du judaïsme "classique" aussi bien que de sa manifestation plus récente, en ce que ceux-ci ont une importance pour la bonne compréhension du moderne Israël. Shahak montre que les obscures mesures, étroitement chauvines, prises contre divers Autres indésirables se trouvent bien dans le judaïsme (comme dans d'autres traditions monothéistes bien sûr) mais il en vient à démontrer la continuité entre celles-ci et la manière dont Israël traite les Palestiniens, les Chrétiens et autre non-juifs. Il en ressort un tableau dévastateur de préjugés, d'hypocrisie et d'intolérance religieuse.

Mais ce qui en est important à cet égard, c'est que la description qu'en donne Shahak inflige un démenti non seulement aux fictions qui abondent dans les médiats occidentaux sur la démocratie israélienne, mais aussi qu'elle stigmatise implicitement des hommes politiques et des intellectuels arabes pour leur conception scandaleusement ignorante au sujet de cet État, surtout quand ils prétendent pompeusement devant leur peuple qu'Israël a vraiment changé et maintenant veut vraiment la paix avec les Palestiniens et les autres Arabes.

Shahak est un homme très courageux qui mériterait d'être honoré pour les services qu'il a rendu à l'humanité. Mais dans le monde d'aujourd'hui l'exemple du travail inlassable, de l'énergie morale sans relâche et de l'éclat intellectuel qu'il a donné constitue un embarras pour le "statu-quo" et pour tous ceux pour qui le mot "controverse" signifie "fâcheux" et "déconcertant". Je suis ravi que pour la première fois un grand ouvrage de sa main paraisse en langue arabe. Je suis certain, cependant, que ce qu'il dit dans Histoire juive, Religion juive sera une source de perturbation pour ses lecteurs arabes tout autant. Je suis sûr qu'il s'en dirait ravi.

E.W.S.
New-York, janvier.1996

POUR INFORMATION :

Relevé dans Le Monde, vendredi 11 octobre 1996, p. 4

Protestation contre la censure palestinienne de l'écrivain
Edward Saïd

NEW YORK. Le Pan American Center a protesté contre l'interdiction par l'Autorité palestinienne de la mise en vente des ouvrages de l'écrivain américain d'origine palestinienne Edward Saïd. Dans une lettre adressée à Yasser Arafat, président de l'Autorité palestinienne, le Pan American Center estime que cette nouvelle est « particulièrement alarmante à un moment où ceux qui à travers le monde soutiennent les aspirations du peuple palestinien » s'attendent que « toute entité palestinienne qui verrait le jour » serait établie « sur la base de principes démocratiques et plus spécifiquement sur celui de la liberté d'expression et de la différence » M. Saïd étant « l'un des critiques culturels les plus influents et les plus admirés » et ayant largement contribué à la défense de la cause palestinienne, les signataires, dont des hommes de lettres prestigieux arabes, demandent à M. Arafat de revenir sur sa décision.

Le cours d'une vie

Israël Shahak est né à Varsovie, Pologne, le 28 avril 1933.

Il vécut dans le Ghetto de Varsovie de la fin de 1939 jusqu'en avril 1943.

D'avril 1943 à la fin juin 1943, au camp de concentration de Poniatowo (en Pologne), et dans une cachette à Varsovie.

De la fin juin 1943 jusqu'en avril 1945, au camp de concentration de Bergen-Belsen (en Allemagne).

Il arrive en Palestine le 8 septembre 1945.

1945-1947, école Kefar Hano'ar Hadati (près de Haïfa).

1947-1951, lycée Hertzliya, à Tel Aviv.

1951-1953, effectue son service dans l'armée israélienne.

1953-1961, Université hébraïque de Jérusalem. Il termine avec un Doctorat (Ph.D.) en chimie organique.

1961-1963, il poursuit des études post-doctorales auprès de l'université de Stanford (Californie).

1963-1971, Á l'Université hébraïque de Jérusalem, assistant, puis Maître-assistant et Professeur-associé en Chimie Organique.

C'est en 1968 qu'il commence une activité de défense des droits de l'homme, à la fois en Israël et dans les Territoires.

Élu en 1970 Président de la ligue israélienne pour les droits civils et humains, il est réélu plusieurs fois jusqu'en ces années 1990. Il a publié, depuis cette époque et jusqu'à maintenant de nombreux articles et rapports sur les droits de l'homme et la politique israélienne en général, et aussi dans la presse en hébreux. Beaucoup de ces articles traitaient de la religion juive.

1971-1972, année sabbatique à l'Impérial College de Londres.

1972-1986, Á l'Université hébraïque de Jérusalem, jusqu'à sa retraite en 1986.

1994, il publie en langue anglaise, chez Pluto Press à Londres, un livre : *Histoire juive, Religion juive. Le poids de trois millénaires*, dont le présent livre est la traduction.

CHAPITRE I

Une utopie fermée ?

> J'écris ici ce que je crois vrai, car les histoires des Grecs sont nombreuses, et à mon avis ridicules.
> Hécatée de Milet, cité par Hérodote.

> Amicus Plato sed magis amica veritas.
> Ami de Platon, mais plus encore ami de la vérité.
> Paraphrase traditionnelle d'un passage de l'Éthique à Nicomaque.

> Dans un État libre chacun peut penser ce qu'il veut et dire ce qu'il pense.
> Spinoza.

Ce livre, bien qu'écrit en anglais et adressé à des gens vivant hors de l'État d'Israël, est, dans un sens, une continuation de mes activités politiques de juif israélien. Celles-ci ont commencé en 1965-1966 par une protestation qui à l'époque fit scandale : j'avais vu personnellement, à Jérusalem, un juif ultra-religieux refuser qu'on utilise son téléphone, un jour de sabbat, pour appeler une ambulance au secours d'un voisin non juif terrassé par une attaque. Au lieu de publier le fait simplement par voie de presse, j'ai demandé une entrevue avec le tribunal rabbinique de Jérusalem — qui est composé de rabbins nommés par l'État d'Israël. Je leur ai demandé si cette façon de faire s'accordait avec leur interprétation de la religion juive. Ils m'ont répondu que le juif en question avait eu un comportement correct, et même pieux, et m'ont renvoyé à certain passage d'un abrégé des lois talmudiques, compilé en notre siècle. J'ai signalé la chose au principal quotidien hébreu, Haaretz, qui s'en est fait l'écho, provoquant un scandale médiatique, dont les conséquences, en ce qui me concerne, furent plutôt négatives.

Ni les autorités rabbiniques israéliennes, ni celles de la diaspora, ne sont revenues sur cet arrêt : un juif ne doit pas violer le sabbat pour sauver la vie à un "gentil". Avis qui s'assortissait de longs discours moralisateurs, autorisant la violation de cet interdit si le fait de le respecter risquait d'avoir des conséquences dangereuses pour des Juifs. Fort de connaissances acquises dans ma jeunesse, je me suis mis à l'étude des lois talmudiques régissant les rapports entre juifs et non-juifs, et il m'est apparu que ni le sionisme, y compris dans son aspect apparemment séculier, ni la politique israélienne depuis les débuts de l'État d'Israël, ni les conduites adoptées par les tenants d'Israël dans la diaspora, ne pouvaient être compris sans prendre en compte l'influence en profondeur de ces lois et la conception du monde qu'elles créent et expriment. Les orientations politiques appliquées par Israël après la guerre des Six Jours, notamment le régime d'apartheid imposé dans les Territoires occupés, ainsi que l'attitude de la majorité des juifs envers les droits des Palestiniens, même in abstracto, n'ont fait que me confirmer dans cette conviction.

Par cette affirmation, je ne cherche nullement à passer sous silence les considérations politiques ou stratégiques qui ont pu également influer sur les dirigeants israéliens. Je dis simplement que la politique pratiquée dans les faits résulte d'une interaction entre, d'un côté, des considérations "réalistes" (qu'elles soient valables ou erronées, morales ou immorales à mes yeux), et, de l'autre, des influences idéologiques. Ces dernières tendent à avoir d'autant plus de poids qu'elles sont moins discutées et "portées à la lumière". Toute forme, quelle qu'elle soit, de racisme, de discrimination et de xénophobie est d'autant plus puissante et politiquement déterminante que la société qui en est infectée la considère comme chose allant de soi.

Pis encore si tout débat sur le sujet est interdit, officiellement ou par consensus tacite. À une époque où le racisme, la discrimination et la xénophobie prévalent parmi les juifs, et sont dirigés contre des non-juifs et nourris de motifs religieux, quelle différence avec le cas symétrique, l'antisémitisme et ses motivations religieuses ? Mais alors qu'aujourd'hui, le second est combattu, l'existence même du premier est en général délibérément ignorée, plus encore en dehors qu'à l'intérieur d'Israël.

La définition de l'État juif

Il faut parler des attitudes adoptées couramment par les juifs vis-à-vis des non-juifs : sans cela, il n'est même pas possible de comprendre l'idée d'Israël comme "État juif", selon la définition qu'Israël s'est donnée officiellement. Le malentendu général qui — indépendamment même du régime en vigueur dans les Territoires occupés — fait d'Israël une véritable démocratie, provient du refus de voir en face ce que l'expression "État juif" signifie pour les non-juifs. À mon avis, Israël en tant qu'État juif, constitue un danger non seulement pour lui-même et pour ses habitants, mais aussi pour tous les juifs et pour tous les autres peuples et États du Moyen-Orient et d'ailleurs. Je considère comme tout aussi dangereux d'autres États ou entités politiques de la région qui, pour leur part, se définissent comme "arabes" ou "islamiques" . Je suis bien loin d'être le seul à évoquer ces risques. En revanche, personne ne parle du danger inhérent au caractère juif de l'État d'Israël.

Le principe faisant d'Israël "un État juif" fut dès le début d'une importance capitale pour les politiciens israéliens, et il a été inculqué à la population juive par tous les moyens imaginables. Au début des années 80 s'est formée, parmi les juifs israéliens, une toute petite minorité s'opposant à ce concept : la Knesset a alors (en 1985) adopté, à une écrasante majorité, une Loi constitutionnelle (c'est-à-dire prévalant sur des dispositions d'autres textes de loi, qui sinon ne pourraient être abrogées que par une procédure spéciale et compliquée) qui exclut de la participation aux élections parlementaires tout parti dont le programme s'oppose explicitement au principe d'un "État juif", ou propose de le modifier par des moyens démocratiques. Étant moi-même vigoureusement opposé à ce principe constitutionnel, il m'est légalement impossible, dans cet État dont je suis citoyen, d'appartenir à un parti qui, tout en ayant des principes avec lesquels je sois d'accord, serait admis à concourir aux élections à la Knesset. Cet exemple à lui seul montre que l'État d'Israël n'est pas une démocratie, du fait que cet État applique une idéologie juive à l'encontre de tous les non-juifs, et à l'encontre des juifs qui s'opposent à cette idéologie. Mais le danger représenté par cette idéologie dominante ne se limite pas aux affaires internes ; elle influence aussi la politique étrangère d'Israël. Et ce danger ira croissant, tant que l'on continuera de renforcer deux ordres de facteurs opérant dans le même sens : le caractère juif d'Israël et le développement de sa puissance, notamment de sa force nucléaire. À cela s'ajoute un autre facteur inquiétant : l'accroissement de l'influence israélienne sur les milieux dirigeants des États-Unis. Il est donc aujourd'hui non seulement important, mais vital, politiquement, de fournir des informations exactes et précises sur le judaïsme et, en particulier, sur la façon dont les non-juifs sont traités par Israël.

Je commencerai par la définition israélienne officielle du terme "juif", qui est révélatrice de la différence décisive entre

Israël en tant qu'"État juif" et la plupart des autres États. Israël, en effet, "appartient" (c'est le terme officiel) aux personnes définies comme "juives" par les autorités israéliennes et à elles seules, et ce, quel que soit leur lieu de résidence. Inversement, Israël n'"appartient" pas officiellement à ses habitants non juifs, dont le statut est considéré, même officiellement, comme inférieur. Cela signifie en pratique que si les membres d'une tribu péruvienne sont convertis au judaïsme et sont donc considérés comme juifs, ils ont aussitôt le droit de devenir des citoyens israéliens et de participer à l'exploitation d'environ 70% des terres de Cisjordanie (et de 92% du domaine d'Israël proprement dit), assignées officiellement au bénéfice exclusif des juifs. En revanche, il est interdit à tout non-juif (et non seulement à tous les Palestiniens) de profiter de ces terres. (Interdiction qui s'applique même aux arabes israéliens qui ont servi dans l'armée israélienne, même à ceux qui ont atteint un rang élevé.) — L'exemple que je donnais s'est effectivement produit : il y a quelques années, un groupe de Péruviens convertis au judaïsme a pu s'établir près de Naplouse (Cisjordanie) sur des terres dont les non-juifs sont officiellement exclus. Tous les gouvernements israéliens ont pris et continuent de prendre des risques politiques énormes, y compris celui de la guerre, pour que ce genre d'implantations, constituées exclusivement de personnes définies comme "juives" (et non "israéliennes", comme l'affirment mensongèrement la plupart des médiats) relèvent de la seule autorité "juive".

Les juifs des États-Unis et de Grande-Bretagne ne crieraient-ils pas à l'antisémitisme, si l'on proposait de décréter leurs pays "États chrétiens", "appartenant" aux seuls citoyens officiellement reconnus comme chrétiens ? La conséquence d'une telle doctrine serait que les juifs se convertissant au christianisme deviendraient par là-même des citoyens à part entière... Les juifs n'ont pas manqué d'occasions d'apprendre, au long de leur histoire, les bienfaits de la conversion. La discrimination, exercée à maintes époques par les États chrétiens et musulmans à l'encontre des juifs et de toutes les personnes n'appartenant pas à la religion officielle, cessait dès qu'on se convertissait. Mais n'en va-t-il pas de même, aujourd'hui, en Israël, pour un non-juif ? Qu'il se convertisse au judaïsme, et il ne sera plus victime de la discrimination officielle. Ainsi, le même type d'exclusive que la majorité des juifs de la diaspora dénoncent [dans le premier cas] comme antisémite est considérée [dans le second] comme juive par la majorité de tous les juifs. Mais s'opposer à la fois à l'antisémitisme et au chauvinisme juif est une attitude que beaucoup de juifs traitent de "haine de soi", notion que je considère comme absurde.

On comprendra donc que dans le contexte de la politique israélienne, la signification du terme "juif" et des mots apparentés (notamment "judaïsme") ait autant d'importance que la signification de "islamique" pour l'État iranien, ou que celle de "communiste" lorsque ce terme était utilisé par les autorités de l'ex-URSS. Or, le sens du mot "juif" », dans son usage courant, n'est pas précis, que ce soit en hébreu ou dans les autres langues ; aussi a-t-il fallu en donner une définition officielle.

Selon le droit israélien, une personne est considérée comme "juive" si sa mère, sa grand-mère, son arrière-grand-mère et sa trisaïeule étaient de confession juive ; ou bien, si cette personne s'est convertie au judaïsme d'une façon jugée satisfaisante par les autorités israéliennes ; et à condition, bien sûr, que la personne en question ne se soit pas convertie du judaïsme à une autre religion — auquel cas Israël cesse de la considérer comme "juive". La première de ces conditions correspond à la définition donnée par le Talmud et reprise par l'orthodoxie juive. Le droit rabbinique talmudique et post-talmudique reconnaît aussi la conversion d'une personne au judaïsme (ainsi que l'achat, suivi d'une autre sorte de conversion, d'un esclave non juif par un juif) comme un moyen de devenir juif, pourvu que la conversion soit accomplie dans les formes par des rabbins dûment habilités. Ces "formes" comportent, pour les femmes, leur inspection par trois rabbins lors d'un "bain lustral" ; rituel bien connu de tous les lecteurs de la presse hébraïque, mais qui n'est pas souvent évoqué par les médiats anglophones ou autres, en dépit de l'intérêt qu'y prendrait certainement une partie du public. Espérons que ce livre contribuera à réduire cette inégalité.

Mais une autre raison impérieuse exige de définir officiellement qui est "juif" et qui ne l'est pas. L'État d'Israël, en effet, privilégie officiellement les juifs par rapport aux non-juifs dans de nombreux aspects de l'existence. Je citerai les trois qui me semblent les plus importants : le droit de résidence, le droit au travail et le droit à l'égalité devant la loi. Les mesures discriminatoires concernant la résidence se fondent sur le fait qu'environ 92% du territoire d'Israël est propriété de l'État, administrée par le Domaine israélien (Israel Land Authority), selon des règlements fixés par le Fonds national juif (FNJ — Jewish National Fund), filiale de l'Organisation sioniste mondiale. Ces règlements dénient le droit de résider, d'ouvrir un commerce et souvent aussi de travailler à quiconque n'est pas juif, et pour ce seul motif ; en revanche, rien n'interdit aux juifs de s'établir ou de fonder des entreprises n'importe où en Israël. Appliquées dans un autre État à l'encontre des juifs, de telles pratiques seraient immédiatement et à juste titre taxées d'antisémitisme et soulèveraient un tollé général.

Appliquées par Israël au nom de son "idéologie juive", elles sont en général soigneusement ignorées — ou excusées dans les rares cas où on en fait état.

Le déni du droit au travail signifie qu'il est interdit officiellement aux non-juifs de travailler sur les territoires administrés par le Domaine israélien conformément aux règlements du FNJ. Il est clair que ces règlements ne sont pas toujours, ni même souvent respectés, mais ils existent. De temps à autres les autorités lancent des campagnes pour les faire appliquer ; par exemple, le ministère de l'Agriculture part soudain en guerre contre « cette plaie » [qu'est] « l'embauche de journaliers arabes pour la récolte des fruits dans des plantations appartenant à des juifs et situées sur la Terre nationale [c'est-à-dire propriété de l'État d'Israël] » — même si les ouvriers agricoles en question sont des citoyens israéliens. D'autre part, Israël interdit formellement aux juifs installés sur la "Terre nationale" de sous-affermer ne fut-ce qu'une partie de leurs terres à des arabes, même pour un bref laps de temps ; les contrevenants sont punis, en général, d'une forte amende. En revanche, rien n'empêche les non-juifs de louer leurs terrains aux juifs. Ainsi, étant moi-même juif, j'ai le droit de prendre à ferme à un autre juif un verger pour en récolter les fruits, mais ce droit est dénié à un non-juif, qu'il soit citoyen israélien ou résident étranger.

Les citoyens non-juifs d'Israël ne jouissent pas du droit à l'égalité devant la loi. Cette discrimination s'exprime dans de nombreuses lois, même si — sans doute pour éviter des "problèmes" — elles évitent d'employer explicitement les termes "juif" et "non-juif", comme le fait, au contraire, la loi fondamentale dite du Retour. Selon cette loi, les personnes reconnues officiellement comme "juives" ont de ce fait même le droit d'entrer en Israël et de s'y établir. Elles reçoivent automatiquement un "certificat d'immigration" qui, à leur arrivée, leur donne « la citoyenneté en vertu de leur retour dans la patrie juive », ainsi que le droit à de nombreux avantages financiers. Ceux-ci varient selon le pays de provenance. Par exemple, les juifs provenant des États de l'ex-URSS reçoivent une "allocation d'intégration" de plus de 20 000 dollars par famille. Aux termes de cette loi, tout juif qui s'établit en Israël acquiert aussitôt le droit de vote et celui d'être élu à la Knesset [le Parlement] — même s'il ne sait pas un mot d'hébreu.

Les autres lois israéliennes recourent à ces périphrases pudiques : « toute personne pouvant immigrer conformément à la loi du Retour », « toute personne non habilitée à immigrer conformément à la loi du Retour ». Selon la loi considérée, tel ou tel avantage est garanti à la première catégorie de personnes et systématiquement refusé à la seconde. Le moyen le plus simple d'imposer la discrimination dans la vie quotidienne est la carte d'identité, que chaque Israélien est tenu d'avoir toujours sur soi. La carte d'identité indique en effet la "nationalité" officielle de son détenteur : "Juif", "Arabe", "Druze", etc. — bref, toutes les "nationalités" imaginables, à une exception près, qui est de taille : il n'a jamais été possible d'obtenir du ministère de l'Intérieur de se définir comme "Israélien", voire "juif israélien" sur sa carte d'identité. Depuis des années, tous ceux qui auraient opté pour une telle définition reçoivent du ministère de l'Intérieur une lettre les informant qu' » il a été décidé de ne pas reconnaître une nationalité israélienne ». Décidé quand, et par qui ? La circulaire ne le précise pas.

L'inégalité instituée en faveur des citoyens définis comme « pouvant immigrer conformément à la loi du Retour » se reflète dans une énorme quantité de lois et de règlements, et c'est un sujet qui ne peut être traité qu'à part. Je citerai ici un seul cas, dérisoire, apparemment, auprès des restrictions de résidence par exemple, et néanmoins tout à fait révélateur des intentions réelles du législateur israélien : les citoyens israéliens qui quittent le pays pendant un certain temps mais relèvent de la première catégorie, ont droit à leur retour à de généreuses franchises douanières, peuvent obtenir, sur simple demande, des bourses d'études universitaires pour leurs enfants, une aide ou un prêt très favorable pour l'acquisition d'un logement, ainsi que d'autres avantages. Les citoyens ne relevant pas de cette catégorie, autrement dit les citoyens non juifs d'Israël n'ont droit à rien de tel. L'intention évidente de ces mesures discriminatoires est de réduire la proportion des citoyens non juifs, afin de faire d'Israël un État plus "juif".

L'idéologie de la "Rédemption" de la Terre
[ou : L'irrédentisme israélien]

Israël propage aussi parmi ses citoyens juifs une idéologie exclusiviste de la "rédemption de la Terre", où transparaît l'objectif des autorités de réduire le plus possible le nombre des non-juifs. Dès l'école primaire on inculque aux enfants juifs israéliens que cette grande idée s'applique à toute l'étendue non seulement de l'État d'Israël, mais aussi de ce qu'on appelle depuis 1967 la "Terre d'Israël". L'idéologie officielle qualifie de "rédimée" (autrement dit, "sauvée") toute terre devenue propriété "juive" — que son propriétaire soit un particulier, le FNJ ou l'État juif. Les terres appartenant à des non-juifs sont considérées au contraire comme "non rédimées" [c'est-à-dire "captives", "occupées" — N.d.T.]. L'ancien propriétaire non-juif peut être le plus vertueux des hommes, l'acquéreur le pire des criminels : s'il est juif, la transaction opérera la "rédemption de la terre". Mais que le pire des juifs cède sa propriété au meilleur des "gentils", la pauvre terre, jusqu'alors pure et sauvée, retombera dans la damnation et les ténèbres extérieures. La conclusion logique, et pratique, de ces fantasmes est l'expulsion — appelée "transfert" — de tous les non-juifs des terres "rédimées". L'utopie de cette "idéologie juive" reprise par l'État d'Israël est par conséquent une terre, un pays entièrement "sauvé", dont plus une parcelle n'est possédée ou cultivée par des non-juifs. Cet idéal tout à fait repoussant fut formulé sans ambages par les dirigeants historiques du mouvement travailliste sioniste. Comme le relate fidèlement Walter Laqueur, sioniste fervent, dans son Histoire du sionisme[3], l'un de ces pères spirituels, A.D. Gordon, mort en 1919, « était en principe hostile à l'emploi de la violence et n'approuvait l'autodéfense qu'en dernière extrémité. Mais ses camarades et lui voulaient que tous les arbres et les arbrisseaux du foyer national juif ne fussent plantés par personne d'autre que les pionniers juifs [be planted by nobody else except Jewish pioneers]. » Ils voulaient donc que tous les "autres" s'en aillent de cette terre pour que les juifs puissent la "rédimer". Les épigones de Gordon ont assorti cet idéal d'une violence qu'il n'avait pas prévue, mais le principe et ses conséquences n'ont pas varié.

De même façon, le kibboutz, salué généralement comme un début concret d'utopie, est et reste une collectivité d'exclusion ; même quand il est constitué d'athées, il refuse par principe d'accepter des arabes parmi ses membres et exige des candidats des autres "nations" qu'ils se convertissent d'abord au judaïsme. Grâce à quoi les gars des kibboutz peuvent être considérés comme le secteur le plus militariste de la société israélienne juive.

C'est cette idéologie d'exclusion, plus que tous les "impératifs de sécurité" invoqués par la propagande israélienne, qui a conduit à l'accaparement des terres dans les années 50, puis de nouveau au milieu des années 60 en Israël, et, après 1967, dans les Territoires occupés.

---

[3] Trad. française, Calmann-Lévy, 1973, p. 245

Cette idéologie a inspiré aussi les projets tout à fait officiels de "judaïsation de la Galilée". Étrange expression, qui signifie simplement inciter financièrement des juifs à s'établir en Galilée. (Je me demande ce que serait la réaction des juifs américains face à un plan de "christianisation de New York" ou ne serait-ce que de Brooklyn.) Mais la "judaïsation" de telle ou telle région n'est qu'un aspect de la Rédemption de la Terre. Dans tout le territoire d'Israël, le FNJ, avec le ferme soutien des organes de l'État (notamment la police secrète), dilapide l'argent public pour racheter le moindre terrain cessible par des non-juifs et pour empêcher, en payant le prix fort, toute vente de terre de juif à non-juif.

L'expansionnisme israélien

Le principal danger représenté par Israël en tant qu'"État juif", pour son propre peuple, pour les autres juifs, et pour ses voisins, réside dans sa volonté, justifiée idéologiquement, d'extension territoriale et dans le cortège de guerres qui s'ensuit inévitablement. Israël devenant de plus en plus juif, ou, selon l'expression hébraïque, « revenant au judaïsme » (processus qui est en cours au moins depuis 1967), sa politique réelle s'inspire de plus en plus de motifs tirés de l'idéologie juive et de moins en moins de considérations rationnelles. En disant "rationnel", je n'entends pas porter un jugement moral sur les orientations de la politique israélienne, ni traiter de ses impératifs présumés de défense ou de sécurité — encore moins du prétexte éculé de la "survie d'Israël". Je parle de sa politique impériale, fondée sur ses prétendus intérêts. Aussi mauvaise moralement ou politiquement que soit cette politique, je tiens pour encore pire l'adoption de conduites inspirées de l'"idéologie juive" dans l'une ou l'autre de ses variantes. Les justifications de la politique israélienne font appel en général à des articles de la foi juive, ou bien, dans le cas des laïcs, à des "droits historiques" qui eux-mêmes dérivent de ces croyances et en conservent tout le caractère dogmatique et fidéiste.

C'est sur cette question précise que j'ai "viré" politiquement : que je suis passé, à l'égard de Ben Gourion, de l'admiration à l'opposition la plus résolue. En 1956, j'avalais sans problème toutes les raisons politiques et militaires avancées par le chef sioniste pour déclencher la guerre de Suez ; mais je n'ai plus suivi quand lui, qui était athée et fier de son indifférence pour les commandements de la religion juive, a déclaré devant la Knesset, le troisième jour du conflit, que la véritable raison, le véritable objectif était de « rétablir le royaume de David et de Salomon » dans ses frontières bibliques. À ces paroles, les membres de la Knesset se sont presque tous levés spontanément et ont entonné l'hymne israélien. Aucun dirigeant sioniste, que je sache, n'a jamais désavoué cette idée de fonder la politique d'Israël (dans la mesure où le permettent des considérations pragmatiques) sur le rétablissement des frontières bibliques. Et, de fait, une analyse attentive de la stratégie d'ensemble d'Israël et des principes réels de sa politique étrangère (tels qu'ils sont, celle-là et ceux-ci, formulés en hébreu) montre clairement que la politique effective d'Israël est déterminée par l'"idéologie juive" plus que par tout autre facteur. Aussi reste-t-elle un mystère toujours renouvelé pour les observateurs étrangers, qui ne tiennent aucun compte de cette "idéologie juive" ni du judaïsme réel, et n'en connaissent en général que de grossières apologies.

Donnons une illustration plus récente de la différence essentielle entre les projets impériaux, même les plus ambitieux, mais de type laïc — et les principes de l'"idéologie juive". Selon cette dernière, les pays que des souverains juifs gouvernèrent dans l'antiquité, ou que Dieu a promis aux juifs — soit selon la Bible, soit (considération plus décisive politiquement) selon une interprétation rabbinique du Livre et du Talmud — doivent revenir à Israël, en sa qualité d'État juif. Ce principe est partagé non seulement par les "faucons", mais par de nombreux juifs du parti des "colombes" — même s'ils estiment nécessaire de différer ces conquêtes à une époque où Israël sera plus fort qu'aujourd'hui, ou pensent que l'on peut espérer une "conquête pacifique" : autrement dit, que les chefs d'État ou les peuples arabes se laisseront "persuader" de céder les pays en question, en échange d'avantages que leur concéderait alors l'État juif.

Il circule plusieurs versions des frontières bibliques de la Terre d'Israël qui, selon l'interprétation des autorités rabbiniques, appartient de droit divin à l'État juif. La plus grandiose inclut à l'intérieur de ces frontières les pays suivants : au sud, tout le Sinaï et une partie de la basse Égypte jusqu'aux environs du Caire ; à l'est, toute la Jordanie, un gros morceau de l'Arabie Saoudite, le Koweït, et, en Irak, le sud-ouest de l'Euphrate ; au nord, toute la Syrie (Liban compris) et une vaste portion de la Turquie (jusqu'au lac de Van) ; à l'ouest, Chypre. Cette question des frontières bibliques suscite une flopée de recherches et de discussions savantes, qui se traduisent concrètement, en Israël, par des atlas, des livres, des articles et des moyens plus populaires de propagande ; tout cela étant publié, bien souvent, au frais de l'État ou grâce à d'autres formes de soutien. Il est certain qu'à l'instar de leur maître, les adeptes de feu Kahane, ainsi que des organisations influentes comme Gush Emunim, non seulement veulent la conquête de ces territoires par Israël, mais sont persuadés qu'une telle entreprise est un ordre de Dieu et que donc le succès est assuré. Aux yeux de certaines personnalités du monde religieux, Israël, en refusant de faire cette guerre sainte ou, pis encore, en ayant rendu le Sinaï à l'Égypte, a commis un péché national — que d'ailleurs Dieu, dans sa justice, a puni !

Comme l'a déclaré à maintes reprises l'un des membres les plus autorisés de Gush Emunim, Dov Lior, rabbin des implantations de Kiryat Arba et d'Hébron, l'échec de la conquête du Liban en 1982-1985 est ce châtiment divin, que la nation a bien mérité pour avoir « donné une partie de la Terre d'Israël », le Sinaï, à l'Égypte.

J'ai choisi, je l'admets, un exemple extrême de l'étendue biblique de cette "Terre d'Israël" qui "doit revenir" à l'"État juif" ; il n'empêche que ces frontières démesurées sont bien connues dans les cercles nationaux-religieux. Il existe des versions plus modérées ; on parle alors, parfois, de "frontières historiques". Mais j'insiste sur ce fait qu'en Israël et chez ses partisans dans la diaspora, l'idée des frontières bibliques ou historiques comme frontières de la terre revenant de droit aux juifs n'est pas rejetée en ligne de principe (sauf par l'infime minorité qui conteste la notion même d'un État juif). Les objections émises contre l'établissement de ces frontières par la guerre sont d'ordre purement pragmatique. On dira, par exemple, qu'Israël est actuellement trop faible pour conquérir toute la terre qui "appartient" aux juifs ; ou que les pertes humaines juives (mais non arabes !) à prévoir d'une guerre de conquête d'une telle ampleur compteront trop pour l'acquisition de la terre ; mais le judaïsme normatif exclut la possibilité de déclarer que la "Terre d'Israël", selon telles ou telles frontières, n'"appartient" pas à tous les juifs. Ariel Sharon, lors de la convention du Likoud de mai 1993, a proposé ouvertement qu'Israël fonde sa politique officielle sur la notion des "frontières bibliques". Sa proposition a soulevé bien peu d'objections, aussi bien à l'intérieur qu'à l'extérieur de son parti, et toutes se fondaient sur des motifs pragmatiques. Personne ne lui a demandé où passent précisément ces "frontières bibliques" qu'il exhortait Israël à atteindre. Ceux qui se disaient léninistes ne doutaient pas que l'histoire se conforme aux principes exposés par Marx et Lénine. Ce n'est pas seulement la croyance elle-même, aussi dogmatique soit-elle : c'est le refus qu'on puisse jamais la mettre en doute par des débats contradictoires ouverts qui crée une mentalité totalitaire. La société israélienne juive et les juifs de la diaspora qui sont des "vies juives" importantes, appartenant à des organisations purement juives, ont donc dans leur caractère une forte veine de totalitarisme.

Cependant il s'est développé aussi, depuis les débuts de l'État d'Israël, une stratégie israélienne globale, non fondée sur les principes de l'"idéologie juive", mais sur des considérations purement stratégiques et impériales.

Les principes de cette stratégie ont été exposés avec lucidité et autorité par le général (de réserve) Shlomo Gazit, ex-chef des renseignements militaires[4] :

« La principale tâche d'Israël n'a pas changé [depuis la fin de l'URSS] et elle est toujours décisive. La place géographique d'Israël, au centre du Moyen-Orient arabe musulman, le désigne comme le gardien de la stabilité dans tous les pays voisins. Son [rôle] est de protéger les régimes existants ; de prévenir ou de contenir les processus de radicalisation, et d'arrêter l'expansion des fanatismes fondamentalistes religieux.

Dans ce but Israël neutralisera les changements au-delà de ses frontières qu'il jugera intolérables au point de se sentir contraint d'utiliser toute sa puissance militaire pour les empêcher ou les extirper. »

---

[4] Cf. Yedioth Aharonot, 27 avril 1992.

En d'autres termes, Israël vise à imposer son hégémonie sur les autres État du Moyen-Orient. Selon Gazit — faut-il le préciser ? — c'est par bienveillance qu'Israël se soucie de la stabilité des régimes arabes. Aux yeux du général, Israël, en protégeant les régimes du Moyen-Orient, rend un service vital aux « pays industriellement avancés, qui tous souhaitent ardemment la stabilité au Moyen-Orient ». Sans Israël, affirme-t-il, les régimes existants dans la région se seraient écroulés depuis longtemps ; s'ils sont restés en place, c'est uniquement grâce aux menaces israéliennes.

Cette idée semble bien hypocrite, mais l'hypocrisie n'est-elle pas « le tribut que le vice rend à la vertu » ? La Rédemption de la Terre représente une tentative de ne pas acquitter un tel tribut.

Il est clair que je suis viscéralement opposé à cette conception non idéologique de la politique israélienne, telle que Gazit l'expose si lucidement et fidèlement. Mais je reconnais que les lignes politiques à la Ben Gourion ou à la Sharon, justifiées par l'"idéologie juive", sont bien plus dangereuses que des stratégies simplement impérialistes, aussi criminelles soient-elles. C'est ce que montrent d'ailleurs les fruits amers de la politique des autres régimes à dominance idéologique. L'existence, au centre de la politique israélienne, d'une importante composante fondée sur l'"idéologie juive" fait d'une analyse de celle-ci un impératif politique. Cette idéologie se fonde à son tour sur les attitudes du judaïsme historique à l'égard des non-juifs — l'un des principaux thèmes de ce livre. Ces attitudes influencent nécessairement de nombreux juifs, qu'ils en soient conscients ou non. Notre principale tâche, ici, est d'examiner ce qu'est réellement le judaïsme historique.

L'influence de l'"idéologie juive" sur de nombreux juifs sera d'autant plus forte qu'elle restera soustraite au débat public. Un tel débat doit, nous l'espérons, inciter les gens à prendre à l'égard du chauvinisme juif et du mépris affiché par tant de juifs envers les non-juifs (mépris que nous illustrerons par la suite) la même attitude qu'on adopte d'ordinaire à l'égard de l'antisémitisme et de toutes les autres formes de xénophobie, de chauvinisme et de racisme. Ne considère-t-on pas, à juste titre, l'exposition et la dénonciation exhaustives, non seulement de l'antisémitisme, mais de ses racines historiques, comme la condition sine qua non de la lutte contre celui-ci ? J'estime qu'il en va exactement de même pour le chauvinisme et le fanatisme religieux juifs — d'autant plus à notre époque, où, contrairement à la situation d'y il a cinquante ou soixante ans, l'influence politique du chauvinisme et du fanatisme religieux juifs l'emporte largement sur celle de l'antisémitisme. De plus, je suis fermement convaincu que l'antisémitisme et le chauvinisme juif ne peuvent être combattus que simultanément.

Une utopie fermée ?

Tant que ces attitudes dominent, une politique israélienne se réclamant de l'"idéologie juive" reste, dans les faits, plus dangereuse qu'une politique se fondant sur des considérations purement stratégiques. Hugh Trevor-Roper, dans son essai sur Thomas More et l'Utopie[5], a fort bien exprimé la différence entre ces deux espèces de politiques, en qualifiant l'une de platonique, l'autre de machiavélienne :

---

[5] "Sir Thomas More and Utopia", in Renaissance Essays, Fontana Press, Londres, 1985.

« Machiavel, au moins, s'excusait des méthodes qu'il jugeait nécessaires en politique. Il regrettait la nécessité de la violence et de la tromperie et ne les appelait pas par un autre nom. Platon et More, au contraire, les sanctifiaient, pourvu qu'elles servissent à soutenir leurs républiques utopiques. »

Pareillement, les adeptes sincères de l'utopie dénommée "État juif", qui tend à la réalisation des "frontières bibliques", sont plus dangereux que les grands stratèges à la Gazit, parce que leur politique est constamment sanctifiée au nom de la religion, ou, pis encore, de principes religieux sécularisés mais conservant une validité absolue. Alors que Gazit, au moins, estime nécessaire de faire valoir que le diktat israélien bénéficie aux régimes arabes, Ben Gourion, lui, ne cherchait nullement à faire croire que la restauration du royaume de David et de Salomon profiterait à qui que ce soit, sauf à l'État juif.

Ce recours à des notions platoniciennes pour analyser la politique israélienne fondée sur l'"idéologie juive" pourra sembler surprenant. Mais le rapport a été noté par plusieurs historiens, notamment par Moses Hadas : selon son étude[6], les fondements du "judaïsme classique", c'est-à-dire du judaïsme tel qu'il a été établi par les sages qui compilèrent le Talmud, remontent à des influences platoniciennes et surtout à l'image de Sparte que l'on trouve chez Platon. Un trait essentiel du système politique platonicien, adopté par le judaïsme dès la période des Maccabées (142-63 av. J.-C) réside en ceci, écrit Hadas, « que tous les aspects du comportement humain soient soumis à la sanction de la religion, laquelle est en fait manipulée par le chef

---

[6] Moses Hadas, Hellenistic Culture, Fusion and Diffusion, Columbia University Press, New York, 1959, en particulier chapitre VII et XX.

politique ». On ne saurait donner meilleure définition du "judaïsme classique" et de la façon dont les rabbins, effectivement, le "manipulaient". Le judaïsme, toujours selon Hadas, a fait siens « les objectifs programmatiques de Platon, tels que lui-même les résumait » dans le fameux passage :

« Le principal est que personne, homme ou femme, ne se trouve sans un gardien, placé au-dessus de lui, et que personne ne s'habitue à agir de sa propre initiative, au sérieux ou pour rire. En paix comme en guerre, l'on doit vivre toujours sous les yeux de son gardien [...]

Bref, l'on doit former son esprit à ne même pas envisager comment agir en individu ou savoir comment cela se fait. (Lois, 942 ab) »

Remplacez "gardien" par "rabbin", et vous obtiendrez l'image parfaite de ce judaïsme classique qui continue d'exercer une influence profonde sur la société israélienne-juive et de déterminer dans une large mesure la politique israélienne.

Karl Popper, dans *The Open Society and its Enemies* [La société ouverte et ses ennemis], a choisi précisément le passage cité ci-dessus pour décrire l'essence d'une "société fermée". Le judaïsme historique et ses deux héritiers, l'orthodoxie juive et le sionisme, sont tous deux des ennemis jurés du concept de société ouverte appliqué à Israël. Un État juif, qu'il se fonde sur son actuelle idéologie juive, ou, si son caractère juif continue de s'accentuer, sur les principes de l'orthodoxie juive, ne pourra jamais être porteur d'une société ouverte. La société israélienne-juive se trouve à la croisée des chemins. Elle peut devenir un ghetto complètement clos et guerrier, une Sparte juive entretenue par le travail d'ilotes arabes, et maintenue en vie grâce à son influence sur les milieux dirigeants américains et la menace d'utiliser sa force nucléaire — ou bien elle peut tenter de se transformer en une société ouverte. Pour cela, elle doit procéder à un examen honnête de son passé juif, reconnaître que le chauvinisme et l'exclusivisme juifs existent, et reconsidérer franchement les attitudes du judaïsme envers les non-juifs.

CHAPITRE II

Préjugés et détournements de sens

La première difficulté inhérente à notre propos tient à ce que, depuis ces cent cinquante dernières années, le terme "juif" a pris dans l'usage courant deux sens très différents. Pour mieux comprendre cette nouveauté, reportons-nous par l'imagination en l'an 1780. À l'époque, la signification de ce terme pour tout le monde coïncidait avec ce que les juifs eux-mêmes considéraient comme le fondement constitutif de leur propre identité. Celle-ci était essentiellement religieuse ; de plus, les préceptes de la religion régissaient, jusque dans les moindres détails quotidiens, tous les aspect de la vie sociale et privée des juifs entre eux et dans leurs rapports avec les non-juifs. Qu'un juif pût boire ne fût-ce qu'un verre d'eau chez un non-juif était alors effectivement impensable. Les lois gouvernant le comportement envers les non-juifs, partout les mêmes, s'imposaient avec la même vigueur du Yémen à New York. Quelle que soit la façon dont on définisse les juifs de 1780 — et je ne veux pas ici m'engager dans un débat métaphysique sur des concepts tels que "nation" et "peuple"[7] — une chose est

---

[7] Les Juifs eux-mêmes se définissaient partout comme une communauté religieuse ou, plus exactement, une nation religieuse. « Notre peuple n'est un peuple qu'à cause de la Torah (Loi religieuse) » : cette formule d'une des plus hautes autorités juives du Xe siècle, rabbi Sa'adia Hagga'on, est devenue proverbiale.

claire : toutes les communautés juives de l'époque étaient séparées des sociétés non-juives au milieu desquelles elles vivaient.

Cette situation a été modifiée par un double processus, lequel, né en Hollande et en Angleterre, s'est poursuivi en France, lors de la Révolution, ainsi que dans les pays qui suivirent son exemple, et a fini par gagner les États monarchiques modernes du XIXe siècle : dans tous ces pays, les juifs ont acquis des droits individuels nombreux et importants (et, dans certains cas, l'égalité juridique complète) ; et le pouvoir judiciaire que la communauté juive exerçait sur ses membres a été aboli. Notons bien que ces deux développements furent simultanés et que le second — bien qu'assez peu connu — est encore plus important que le premier.

Depuis le Bas-Empire, les communautés juives possédaient des pouvoirs juridiques considérables sur leurs membres : non seulement des pouvoirs engendrés par la mobilisation volontaire de la pression sociale (par exemple, le refus d'avoir quelque rapport que ce fût avec un juif exclu de la communauté — ce qui allait jusqu'au déni de sépulture), mais un pouvoir de pure coercition : la flagellation, l'emprisonnement, le bannissement, toutes sortes de peines pouvaient être infligées, en toute légalité, par les tribunaux rabbiniques aux juifs déclarés coupables de toutes sortes d'infractions.

Dans de nombreux pays — notamment en Espagne et en Pologne — ces tribunaux étaient même habilités à prononcer la sentence capitale et à l'appliquer, parfois selon des modalités particulièrement cruelles, comme la flagellation à mort. Ces pratiques étaient non seulement permises, mais positivement encouragées par les autorités politiques des États chrétiens et musulmans, intéressées, bien sûr, au "maintien de l'ordre", mais parfois aussi animées de préoccupations plus directement financières. Ainsi, dans les archives espagnoles des XIII et XIVe siècles, on trouve de nombreuses ordonnances détaillées des rois très-catholiques de Castille et d'Aragon, enjoignant à leurs non moins catholiques gardes de police de veiller à la stricte observance du sabbat par les juifs... Il faut dire que sur toute amende infligée par le tribunal rabbinique pour violation du sabbat, les neuf dixièmes revenaient à la Couronne. Citons un autre cas de cette époque révolue. Peu avant 1832, le célèbre rabbin Moshé Sofer de Pressbourg (aujourd'hui Bratislava), ville du royaume de Hongrie alors dominé lui-même par l'Autriche, adressa des responsa [8] à des coreligionnaires de Vienne (la capitale impériale où les juifs s'étaient déjà vu octroyer des droits individuels considérables[9]) : depuis que la congrégation juive de Vienne n'a plus le pouvoir de punir les auteurs d'infractions, se lamente Sofer, les juifs de cette ville se sont mis à négliger les observances ; alors qu' » ici, à Pressbourg, quand j'apprends qu'un commerçant juif a osé ouvrir son magasin pendant les Fêtes mineures, j'envoie aussitôt un gendarme pour le mettre en prison ».

Tel était le fait social le plus important de l'existence juive avant l'avènement de l'État moderne : l'observance des préceptes religieux du judaïsme, ainsi que leur inculcation dans les têtes, étaient imposées aux juifs par la contrainte physique ; l'on ne pouvait y échapper qu'en se convertissant à la religion dominante — solution qui, vu les circonstances, équivalait à une

---

[8] Des avis autorisés.

[9] Par l'empereur Joseph II en 1782.

rupture sociale totale et était donc virtuellement impraticable, sauf en période de crise religieuse[10].

Une fois l'État moderne établi, cependant, la communauté juive a perdu son pouvoir de punir ou d'intimider les individus juifs. Ainsi furent brisées les chaînes d'une des sociétés les plus "fermées" et les plus totalitaires de toute l'histoire humaine. Cette libération est venue principalement de l'extérieur ; des juifs y ont certes contribué, de l'intérieur, mais ils furent au début très peu nombreux. La façon dont s'est réalisée l'émancipation a eu de très graves conséquences sur l'histoire ultérieure des juifs. On peut faire la comparaison avec l'Allemagne, où (selon l'analyse magistrale de A.J.P. Taylor) il fut aisé d'associer réaction et patriotisme, parce que les droits de l'individu et l'égalité devant la loi y furent en réalité apportés par les armées de la Révolution française et de Napoléon, et que la liberté pouvait donc, dans ce pays, être stigmatisée comme « non allemande ».

Des raisons exactement analogues expliquent qu'il ait été très facile, parmi les juifs, notamment en Israël, d'attaquer, avec un tel succès, tous les idéaux de l'humanisme et toute notion de suprématie de la loi (pour ne pas parler de la démocratie) — tous principes qualifiées de "non juifs", voire d'"antijuifs" (ce qu'ils sont en effet dans un sens historique) ; que l'on peut utiliser, certes, dans l'"intérêt juif" [in the 'Jewish interest'], mais qui n'ont aucune validité si ils contrecarrent cet "intérêt", par exemple lorsqu'ils sont invoqués par des arabes. D'où aussi — de même, encore une fois, qu'en Allemagne et dans les autres

---

[10] Tous ces aspects sont en général omis dans l'historiographie juive courante, pour propager le mythe selon lequel les juifs auraient conservé leur religion par miracle ou grâce à on ne sait quelle force mystique qui leur serait propre.

nations de la Mitteleuropa — cette historiographie juive trompeuse, sentimentale, romancée à l'extrême, expurgée de tous les faits gênants.

Dans les volumineux écrits de Hannah Arendt, qu'ils soient consacrés au totalitarisme, aux juifs ou aux deux[11], on ne trouvera rien sur ce qu'était, réellement, la société juive en Allemagne au XVIIIe siècle : livres condamnés aux flammes, persécution d'écrivains, querelles d'Allemands sur les pouvoirs magiques des amulettes, anathèmes jetés sur l'instruction non juive la plus élémentaire, comme l'enseignement du bon allemand ou le fait d'écrire l'allemand en caractères latins[12][13]. On ne trouvera pas non plus dans les nombreuses "histoires des juifs" écrites en anglais la moindre allusion à cette thèse de la mystique juive (très à la mode celle-ci, aujourd'hui, dans certains cercles), selon laquelle les non-juifs sont littéralement des "membres corporels [limbs] " de Satan, à l'exception de rares individus (ceux qui se convertissent au judaïsme) ; en fait, ceux-ci sont des "âmes juives" qui étaient perdues depuis que la Dame Sainte (Shekhinah ou Matronit, l'un des éléments féminins de la déité, sœur et épouse du jeune Dieu mâle — selon la cabale) fut violée par Satan dans sa demeure céleste.

---

[11] Par exemple dans ses Origines du totalitarisme, dont une très grande partie est consacrée aux juifs.

[12] Avant la fin du XVIIIe siècle, les juifs allemands n'étaient autorisés par leur rabbins à écrire l'allemand qu'en caractères hébraïques, sous peine de herem (exclusion de la communauté), du fouet, etc.

[13] L'allemand s'écrivait alors (et cela dure toujours en partie, surtout dans l'imprimerie) en caractères dits, en français, "gothiques". En fait, il s'agit aussi d'une dérivation de l'écriture latine (N.d.T.).

De grands penseurs, comme Gershom Scholem, ont prêté leur autorité à tout un système de tromperies dans ces domaines "délicats", tromperies dont les plus populaires sont les plus malhonnêtes et les plus mystificatrices.

Mais il faut rappeler les conséquences sociales de l'émancipation : pour la première fois depuis environ l'an 200[14], un juif put faire librement ce qu'il voulait, dans les limites du code civil de son pays, sans devoir acheter la liberté par la conversion à une autre religion. La liberté d'apprendre et de lire des livres en langues modernes, la liberté de lire et d'écrire des livres en hébreu ou en yiddish sans l'imprimatur des rabbins, la liberté de manger non-cascher, la liberté d'enfreindre tous les tabous absurdes régissant la vie sexuelle, la liberté, enfin, de penser (car les "pensées interdites" sont un péché capital) : tous ces droits ont été reconnus aux juifs d'Europe (et ultérieurement d'autres contrées) par les États européens, modernes ou encore absolutistes — même si ces derniers restaient antisémites et oppressifs. Nicolas 1er était un antisémite notoire, il promulgua de nombreuses lois contre les juifs de Russie ; mais en développant les forces de "l'ordre" dans son empire, non seulement la police secrète, mais aussi la police régulière et la gendarmerie, il rendit difficile les meurtres de juifs sur ordre de leurs rabbins — alors que ces choses "arrivaient facilement" dans la Pologne d'avant 1795. L'histoire juive "officielle" condamne ce tsar sur les deux points. Par exemple, à la fin des années 1830, un "saint rabbin" (tzadik) d'une bourgade juive d'Ukraine

---

[14] Lorsque par un accord conclu entre l'empire romain et les chefs juifs (la dynastie des Nesi'im), tous les juifs de l'empire furent soumis à l'autorité fiscale et pénale de ces chefs et de leurs tribunaux rabbiniques, lesquels, de leur côté, s'engagèrent à faire régner l'ordre chez les Juifs.

ordonna de tuer un hérétique en le précipitant dans l'eau bouillante des bains publics ; les juifs qui ont relaté cet événement à l'époque signalent avec un étonnement horrifié que graisser la patte aux fonctionnaires « n'avait plus d'effet », et que non seulement les exécuteurs, mais le saint homme lui-même furent sévèrement punis. Le régime de Metternich dans l'Autriche d'avant 1848 était, comme on sait, particulièrement réactionnaire et hostile aux juifs, mais il ne tolérait pas les meurtres par empoisonnement, fût-ce sur la personne de rabbins "libéraux". Or, en 1848, année marquée par un net affaiblissement, temporaire, du régime de Vienne, la première chose que les dirigeants de la communauté juive de Lemberg (aujourd'hui Lviv), en Galicie, firent de leur nouvelle liberté, fut d'empoisonner le rabbin libéral de la ville, que le tout petit groupe des juifs non orthodoxes avait fait venir d'Allemagne. L'une de ses plus grandes hérésies, soit dit en passant, était de prôner et d'accomplir effectivement la cérémonie, récemment créée, de la Bar Mitzvah[15].

Une émancipation venue de l'extérieur

Au cours des cent cinquante dernières années, le terme « juif » a donc acquis une double signification, à la grande confusion de certaines personnes bien intentionnées, notamment dans les pays anglophones, qui s'imaginent que les juifs qu'elles fréquentent sont "représentatifs" des juifs "en général". Dans les pays d'Europe orientale, de même que dans le monde arabe, les juifs ont été libérés de la tyrannie de leur propre religion et de

---

[15] Cérémonie célébrée lorsqu'un garçon atteint ses treize ans, âge de la "responsabilité religieuse" (N.d.T.) — selon Webster's New World Dictionary of the American Language, Second College Edition.

leurs propres communautés par des forces extérieures, et cela trop tard, et dans des circonstances trop défavorables pour avoir permis une transformation sociale authentiquement intériorisée. Dans la plupart des cas, et notamment en Israël, l'ancien concept de société, la même idéologie — surtout par rapport aux non-juifs — et la même conception totalement fausse de l'histoire ont été conservés, même chez une partie des juifs qui ont adhéré à des mouvements "progressistes" ou de gauche. Il suffit de les connaître un peu pour savoir qu'il y a parmi eux de nombreux juifs chauvins et racistes déguisés en révolutionnaires, en socialistes ou communistes : ils ne sont entrés dans ces partis que pour des motifs relevant de l'"intérêt juif" et, en Israël, appuient la discrimination contre les "gentils". Il faudrait citer tous les "socialistes" juifs qui se sont débrouillés d'écrire sur le kibboutz sans se soucier de mentionner qu'il s'agit d'une institution raciste, dont les citoyens non juifs d'Israël sont rigoureusement exclus : l'on verrait que le phénomène que je signale n'a rien d'exceptionnel[16].

Une fois enlevé les étiquettes fondées sur l'ignorance ou l'hypocrisie, nous voyons donc que le mot "juif" et les termes apparentés, notamment l'expression "monde juif" [Jewry], désignent deux groupes sociaux différents et même opposés, dont la ligne de contiguïté s'efface rapidement à cause de la politique actuelle d'Israël. D'un côté, la signification traditionnelle, totalitaire, que je viens d'exposer ; de l'autre, les juifs d'ascendance qui ont fait leur l'ensemble d'idées que Karl

---

[16] Je ne suis pas socialiste. Mais j'honore et je respecte les personnes attachées à des principes qui ne sont pas les miens, si elles s'efforcent honnêtement d'y être fidèles. Par contre, rien n'est plus abject que l'utilisation malhonnête de principes universels — vrais ou faux — à des fins particulières, que ces fins soient celles d'un individu ou, pis encore, d'un groupe.

Popper appelle « la société ouverte ». (Il y a aussi ceux, surtout aux États-Unis, qui sans les avoir faites leur, cherchent à faire semblant de les avoir acceptées.)

Il importe de noter que tous les prétendus "traits de caractère juifs" — par quoi j'entends les traits attribués aux "juifs" par le commun des intellectuels patentés d'Occident — sont des qualités modernes ; elles sont ignorées de la quasi-totalité de l'histoire juive et ne sont apparues qu'avec la fin du pouvoir totalitaire de la communauté juive. Le fameux humour juif par exemple. Or, l'humour est très rare dans la littérature hébraïque avant le XIXe siècle, on ne le trouve que durant quelques périodes dans des pays où l'aristocratie juive s'était relativement libérée du joug rabbinique (dans l'Italie du XIVe au XVIIe siècles ou dans l'Espagne musulmane), car l'humour et les plaisanteries sont strictement interdits par la religion juive — excepté la raillerie des autres religions. Il n'a jamais été question, à l'intérieur du judaïsme, de faire la satire des rabbins et des chefs de la communauté, fût-ce dans une petite mesure, comme cela s'est pratiqué dans la chrétienté non-réformée. Il n'y avait pas de comédies juives, comme il n'y en avait pas à Sparte et pour des raisons semblables[17].

Autre prétendu trait caractéristique : "l'amour du savoir". Si l'on excepte l'enseignement purement religieux, tombé lui-même très bas et dégénéré, les juifs d'Europe (et, dans une moindre mesure du monde arabe) étaient dominés, jusqu'environ l'an 1780, par un suprême et haineux mépris de tout savoir (sauf

---

[17] De fait, de nombreux aspects du judaïsme orthodoxe sont apparemment hérités de Sparte, grâce à l'influence politique funeste de Platon. Sur ce sujet, voir les excellentes observations de Moses Hadas, *Hellenistic Culture, Fusion and Diffusion*, op. cit.

du Talmud et de la mystique juive). Des pans entiers de l'Ancien Testament, toute la poésie hébraïque non liturgique et la plupart des livres de philosophie juive n'étaient pas à lire, et souvent leurs titres mêmes étaient frappés d'anathèmes. L'étude des langues était strictement interdite, ainsi que celle des mathématiques et des sciences. La géographie[18], l'histoire — même l'histoire juive — étaient inconnues. L'esprit critique, lui aussi si caractéristique des juifs, à ce qu'on dit, manquait tout à fait, et rien n'était plus interdit, plus craint et donc plus persécuté que la moindre innovation ou la plus innocente critique.

C'était un monde plongé dans la superstition, le fanatisme et l'ignorance les plus misérables, un monde où, dans la préface du premier ouvrage de géographie en hébreu (publié en Russie en 1803), on pouvait regretter que de très nombreux grands-rabbins niassent, comme "impossible", l'existence du continent américain. Entre ce monde et ce que l'on prend souvent en Occident comme "caractéristique" des juifs, il n'y a rien de commun, sauf une méprise sur le nom.

Pourtant beaucoup, beaucoup de juifs d'aujourd'hui ont la nostalgie de ce monde, ce paradis perdu, cette "douce" société close dont ils ont été expulsés, dont ils ne se sont pas libérés. Une part importante du mouvement sioniste a toujours voulu la rétablir, et cette part l'a emporté.

---

[18] Y compris la géographie de la Palestine, y compris son emplacement précis. Comme on le voit d'après l'orientation plein est de toutes les synagogues de pays comme la Pologne et la Russie : or, les juifs doivent prier tournés vers Jérusalem, qui, de ces pays, est au plein sud. On ne leur avait donc même pas appris la direction de Jérusalem.

Les mobiles de la politique d'Israël, qui si souvent déroutent les pauvres "compagnons de route d'Israël" en Occident, sont pour la plupart explicables dès qu'on les comprend comme une réaction, dans le sens politique que ce terme a pris depuis ces deux cents dernières années, d'un retour forcé, mais à maints égards innovateur, et donc illusoire, à la société close du passé juif.

Les obstacles à la compréhension

Comme on peut le démontrer historiquement, une société fermée n'aime pas qu'on la décrive : toute description, en effet, comporte une part d'analyse critique et peut donc encourager des "pensée interdites". Au contraire, plus une société "s'ouvre", et plus elle est intéressée à une réflexion, d'abord descriptive puis critique, sur elle-même, sur son fonctionnement actuel et sur son passé. Or, à quoi assiste-t-on quand une fraction de l'intelligentsia désire ramener une société qui s'est déjà considérablement ouverte, à son premier état, totalitaire et fermé ? Alors, ce sont les moyens mêmes du progrès précédent — la philosophie, les sciences, l'histoire et surtout la sociologie — qui deviennent les armes les plus efficaces de la "trahison des clercs". Mis au service du mensonge et ainsi pervertis, ils ne tardent pas à dégénérer.

Les lettrés du judaïsme classique[19] ne cherchaient pas du tout à décrire ou expliquer celui-ci aux membres de leur

---

[19] Dans ce chapitre, j'emploie l'expression "judaïsme classique" pour désigner le judaïsme rabbinique tel qu'il est apparu peu après l'an 800 et s'est maintenu jusqu'à la fin du XVIIIe siècle. J'évite à dessein l'expression "judaïsme normatif", que de nombreux auteurs utilisent pour désigner plus ou moins le même phénomène, car elle comporte des connotations à mon avis injustifiées.

communauté, même à ceux qui étaient cultivés (c'est-à-dire versés dans le Talmud)[20]. L'écriture de l'histoire juive, fût-ce sous la forme de simples annales, s'arrête totalement à partir de Flavius Josèphe (fin du Ier siècle) ; pendant la Renaissance elle connut un bref renouveau en Italie et dans les pays où les juifs subissaient une forte influence italienne [21]. Les rabbins redoutaient l'histoire proprement juive encore plus que l'histoire en général ; fait caractéristique, le premier livre d'histoire moderne publié en hébreu (au XVIe siècle) s'intitulait Histoire des rois de France et des rois Ottomans. Il fut suivi d'ouvrages historiques traitant uniquement des persécutions. Le premier livre d'histoire juive proprement dite [22] (décrivant les temps anciens) fut promptement interdit et détruit par les hautes autorités rabbiniques, et n'a reparu qu'au XIXe siècle. Les autorités rabbiniques d'Europe orientale décrétèrent, de plus, l'interdiction de toute étude non talmudique, même exempte du moindre aspect méritant anathème, puisque de telles études empiétaient sur le temps à consacrer soit à l'étude du Talmud, soit à gagner de l'argent... nécessaire à l'entretien des érudits talmudistes. Dans un temps si plein il ne restait qu'un trou : celui sur lequel même le juif le plus pieux doit forcément passer chaque jour quelques moments. Les études sacrées étant

---

[20] Les ouvrages des juifs hellénistiques, comme Philon d'Alexandrie, sont une exception. Ils furent écrits avant que le judaïsme classique ait établi son hégémonie exclusive. Ils ont ensuite été supprimés parmi les juifs, et n'ont survécu que grâce à l'intérêt qu'y portaient des moines chrétiens.

[21] De l'an 100 à 1500, les lettrés juifs n'ont produit (dans ce domaine) que deux récits de voyage et une histoire des études talmudiques ; celle-ci opuscule peu exact et aride, écrit de plus par un philosophe méprisé (Abraham Ben David, Espagne, vers 1170).

[22] Me'or 'Eynayim de 'Azaya de Rossi, de Ferrare, 1574.

interdites sur ces lieux impurs, il y était permis de lire l'histoire, pourvu qu'elle fût écrite en hébreu et ne concernât que des sujets entièrement temporels, donc non juifs. Les rares juifs de l'époque qui — séduits par Satan, sans doute — trouvaient plaisir à lire l'histoire des rois de France devaient être bien connus de leurs voisins pour leur constipation chronique ! Bref, il y a deux cents ans, la grande majorité des juifs étaient dans l'ignorance la plus noire non seulement de l'existence de l'Amérique, mais de l'histoire juive et de l'état du monde juif d'alors ; et ils s'en contentaient parfaitement.

Une histoire totalitaire

Malgré tout, sur un point le bât blessait, et il ne leur était pas permis de demeurer entièrement satisfait. Ce point, c'étaient les attaques des chrétiens contre les passages ouvertement antichrétiens — ou plus généralement hostiles aux non-juifs — du Talmud et de la littérature talmudique. Ce défi, il faut le noter, s'est manifesté relativement tard dans l'histoire des relations entre chrétiens et juifs : à partir du XIIIe siècle.

Auparavant, les autorités chrétiennes attaquaient le judaïsme à coup d'arguments généraux ou tirés de la Bible, mais semblaient tout ignorer du contenu du Talmud. Apparemment, elles se sont mises à l'attaquer grâce à la conversion de juifs, versés dans ces textes, qui étaient attirés par l'évolution de la philosophie chrétienne, de plus en plus marquée d'aristotélisme, et donc d'universalisme[23].

---

[23] Les cas de conversion les plus connus eurent lieu en Espagne ; par exemple (pour les désigner par leur nom chrétien), maître Alphonse de Valladolid, converti en 1320, et Paul de Santa Maria, converti en 1390, nommé évêque de

Reconnaissons tout de suite que le Talmud et la littérature talmudique — indépendamment de la haine et du mépris qu'ils expriment à l'égard de tous les gentils en général, aspect que nous examinerons plus en détail au chapitre 5 — contiennent des formulations et des préceptes très injurieux à l'égard spécifique du christianisme. Par exemple, le Talmud, outre une kyrielle d'accusations sexuelles ordurières contre Jésus, dit que son châtiment en enfer est d'être plongé dans un bain d'excréments bouillants : aurait-on voulu par là s'attirer les bonnes grâces des chrétiens croyants ? Citons aussi le précepte ordonnant aux juifs de brûler, publiquement si possible, tout exemplaire du Nouveau Testament tombé entre leurs mains. Précepte non aboli et appliqué jusqu'à nos jours : le 23 mars 1980, des centaines d'exemplaires du Nouveau Testament ont été publiquement et rituellement brûlés à Jérusalem, sous les auspices de Yad Le'akhim, organisation religieuse subventionnée par le ministère israélien des Cultes.

À partir du XIIIe siècle, donc, se développa en Europe une offensive puissante et solidement appuyée sur de nombreux points contre le judaïsme talmudique. Nous ne parlons pas ici des calomnies ignorantes, comme le "livret de sang" propagé par d'obscurs moines dans d'obscures bourgades de province, mais de débats contradictoires publics, devant les meilleures universités européennes de l'époque, et conduits, dans l'ensemble, de la façon la plus équitable possible eu égard aux conditions qui régnaient au moyen âge[24].

Burgos en 1415. Mais l'on pourrait citer beaucoup d'autres cas dans toute l'Europe occidentale.

[24] Le ton de ces disputes, et leurs conséquences, étaient assurément tout à fait préférables à ce qui se passait dans le cas des chrétiens accusés d'hérésie ; voir,

Quelle fut la réaction des juifs — ou plus exactement des rabbins ? La plus simple fut de recourir à la vieille technique des épices et des manœuvres en coulisse. Dans presque toute l'Europe, tout pouvait presque toujours s'arranger par des "cadeaux". Cette pratique était particulièrement à l'honneur dans la Rome des papes de la Renaissance.

L'édition princeps du Code complet de la loi talmudique — la Mishneh Torah de Maimonide — ouvrage rempli de préceptes les plus injurieux à l'égard de tous les gentils, mais aussi de violentes attaques très claires contre le christianisme et Jésus (que l'auteur ne peut jamais mentionner sans ajouter pieusement « Périsse le nom du méchant ! ») fut publié, sans la moindre coupure, à Rome en 1480, sous Sixte IV, pape très actif politiquement et perpétuellement à court d'argent. (Quelques années plus tard, c'est encore à Rome que parut l'unique édition ancienne de L'Âne d'or d'Apulée, où la virulente attaque contre le christianisme n'est pas censurée. Alexandre VI Borgia était lui aussi très libéral dans ces domaines.) Même durant cette période, des persécutions antitalmudiques continuaient d'éclater çà ou là en Europe. Mais ce fut un assaut général et bien plus conséquent lorsque la Réforme et la Contre-réforme amenèrent les lettrés chrétiens à des critères d'honnêteté intellectuelle plus rigoureux, et à une meilleure connaissance de l'hébreu. À partir du XVIe siècle, la censure chrétienne, dans de nombreux pays, s'exerce sur toute la littérature talmudique, y compris le Talmud lui-même. En Russie, cette situation dura jusqu'en 1917. Certains censeurs étaient relativement tolérants (en Hollande par

---

par exemple, les controverses qui aboutirent à la condamnation d'Abélard ou des franciscains de stricte observance.

exemple) ; d'autres étaient sévères ; et les passages injurieux étaient modifiés ou carrément expurgés.

Toutes les études modernes sur le judaïsme, notamment de la part de juifs, sont issues de ce conflit et en portent encore les marques indubitables : mensonge, ton apologétique ou polémique, indifférence, voire hostilité active envers la recherche de la vérité. Presque toutes les prétendues "études juives sur le judaïsme", depuis cette époque jusqu'à ce jour, sont dirigées contre un ennemi extérieur ; elles n'expriment en rien un débat intérieur.

Telle fut l'attitude initiale de l'historiographie de toutes les sociétés connues (sauf la Grèce ancienne, où les créateurs de l'histoire, esprits ouverts, furent ensuite vertement pris à partie par les sophistes pour leur manque de patriotisme !). Tel fut jadis le cas des premiers historiens catholiques et protestants, en guerre les uns contre les autres. De même, les premières histoires des peuples de l'Europe moderne sont imprégnées du nationalisme et du mépris le plus crus pour les nations leurs voisines.

Mais le moment vient, tôt ou tard, où l'on se met à chercher à comprendre l'adversaire national ou religieux et, en même temps, à soumettre à la critique des aspects essentiels de l'histoire de son propre groupe ; ces deux mouvements vont toujours de pair. Comme le dit Pieter Geyl : quand l'historiographie cesse d'être une continuation de la guerre par voie de plumes et devient un « débat sans fin », alors, alors seulement apparaît la possibilité d'une historiographie humaine, tendant à la fois à l'exactitude et à l'équité ; et l'histoire devient alors l'un des plus puissants outils de l'humanisme et de la culture de soi.

C'est pourquoi les régimes totalitaires modernes réécrivent l'histoire et persécutent les historiens[25]. Quand toute une société veut retourner au totalitarisme, elle secrète une histoire totalitaire, non sur ordre d'en haut, mais sous des poussées d'en bas, bien plus efficaces. C'est ce qui s'est passé au cours de l'histoire juive, et c'est le premier obstacle que nous devons surmonter

Les mécanismes de défense

À quels mécanismes précis (autres que le graissage de pattes), les communautés juives, appuyées par des forces extérieures, ont-elles recouru pour parer les attaques dirigées contre le Talmud et les autres textes religieux ? On peut en distinguer plusieurs, et tous ont eu d'importantes conséquences qui se reflètent dans la politique israélienne actuelle. Il serait fastidieux d'exposer tous les cas de parallélisme avec le sionisme de droite à la Begin et le sionisme travailliste ; mais les lecteurs quelque peu au fait des particularités de la politique moyen-orientale ne manqueront pas, j'en suis sûr, de noter les ressemblances.

---

[25] Les exemples staliniens et chinois sont suffisamment connus. Rappelons cependant qu'en Allemagne, les persécutions d'historiens honnêtes ont commencé très tôt. En 1874, H. Ewald, professeur à l'université de Göttingen, fut emprisonné par avoir exprimé des opinions "incorrectes" sur les campagnes militaires de Frédéric II de Prusse (au siècle précédent). Il existe en Israël une situation analogue : j'ai à maintes reprises dénoncé en termes très durs le sionisme et l'oppression des Palestiniens, mais ce qui m'a attiré les pires attaques, c'est un de mes premiers articles, sur le rôle des juifs dans le trafic des esclaves, où je signalais, exemple vérifiable à l'appui, que ce trafic durait encore en 1870 ! Cet article a été publié avant la guerre des Six Jours (1967) ; aujourd'hui, il serait impossible de le faire paraître.

Le premier mécanisme que j'examinerai est celui du défi sournois, associé à une apparence de soumission. Comme nous l'avons vu, la pression extérieure étant devenue trop forte, il fallut supprimer ou modifier les passages talmudiques hostiles au christianisme ou aux non-juifs[26]. L'on procéda ainsi : dans toutes les éditions publiées en Europe à partir des années 1550, on "sucra" carrément quelques-uns des passages les plus injurieux ; partout ailleurs, on remplaça les "gentils", les "non-juifs", les "étrangers" (goy, eino yehudi, nokhri) — qui figurent dans tous les manuscrits et livres imprimés jusqu'à cette date, ainsi que dans toutes les éditions publiées en terre d'Islam — par : les "idolâtres", les "païens", voire les "Cananéens" ou les "Samaritains", termes dont on pouvait fournir une explication rassurante, mais où le lecteur juif reconnaissait des euphémismes substitués aux expressions traditionnelles.

Face à des attaques plus résolues, la défense adopta des moyens plus raffinés mais aux conséquences tragiques durables, dans certains cas.

Ainsi la censure tsariste, dans ses périodes de rigueur, comprenant le sens des euphémismes susmentionnés, les interdit. Les autorités rabbiniques les remplacèrent alors par les termes "arabe" ou "musulman" (un seul mot en hébreu : yishma'eli) ou même "égyptien", en supposant, à raison, que la police russe ne s'opposerait pas à ce genre d'abus. Parallèlement, l'on faisait circuler, sous forme manuscrite, des listes d'Omissions

---

[26] À la fin, il fallut censurer également quelques passages d'une autre veine : ceux qui semblent théologiquement absurdes (qui, par exemple, montrent Dieu s'adressant des prières à lui-même, ou accomplissant physiquement certaines des pratiques ordonnées à chaque juif), ou encore qui célèbrent trop lestement les frasques sexuelles des rabbins des anciens temps.

talmudiques, qui expliquaient les nouveaux termes et signalaient tous les passages supprimés. À certains moments, on alla jusqu'à imprimer, avant la page de titre de chaque volume de littérature talmudique, un démenti général, faisant savoir solennellement, parfois sous la foi du serment, que toutes les formulations hostiles du volume en question visaient uniquement les idolâtres de l'antiquité — voire les Cananéens éteints depuis belle lurette — mais non pas « les peuples chez lesquels nous vivons ». Après la conquête de l'Inde par les Britanniques, certains rabbins trouvèrent un nouveau subterfuge : toutes les expressions particulièrement désobligeantes ou outrageantes qu'il leur arrivait d'employer ne s'appliquaient, prétendaient-il, qu'aux Indiens. À l'occasion, il est vrai, on intégrait aussi les Aborigènes d'Australie dans le vaste troupeau des boucs émissaires.

Inutile de dire que tout cela fut un mensonge délibéré, du début jusqu'à la fin ; d'ailleurs, depuis la fondation de l'État d'Israël, les rabbins se sentant en sécurité, toutes les formules et tous les passages injurieux ont été rétablis sans hésitation dans toutes les nouvelles éditions. (Étant donné le coût énorme qu'implique une nouvelle édition, une très grande partie de la littérature talmudique, y compris le Talmud, continue d'être réimprimée d'après les anciennes éditions. Aussi les Omissions talmudiques signalée plus haut ont-elles été publiées en Israël en édition populaire, sous le titre Hesronot Shas.) Désormais, l'on peut donc lire tout à fait librement — et, de plus, on enseigne aux enfants juifs — des passages comme celui[27] qui enjoint à tout juif passant près d'un cimetière de dire une bénédiction si le cimetière

---

[27] Traité Berakhot, p. 58b.

est juif, mais de maudire les mères des morts [28] si c'est un cimetière de gentils. Dans les anciennes éditions la deuxième partie de ce précepte était omise, ou bien le terme "gentils" avait été remplacé par un euphémisme. Mais la nouvelle édition israélienne du rabbin Adin Steinsalz (pourvue de notes explicatives et de la traduction interlinéaire en hébreu des passages araméens de l'original, afin que les enfants des écoles n'aient aucun doute sur ce qu'ils doivent dire) lève toute ambiguïté en rétablissant les termes "gentils" et "étrangers".

Sous la pression de circonstances extérieures, les rabbins avaient donc été amenés à éliminer ou modifier trompeusement certains passages — mais pas les pratiques réelles qui y sont prescrites. Pendant des siècles — et ceci est un fait qui doit être rappelé, notamment aux juifs eux-mêmes — notre société totalitaire a ainsi entretenu des coutumes barbares et inhumaines pour empoisonner l'esprit de ses membres, et elle continue de le faire. (Ces coutumes ne peuvent être expliquées comme de simples réactions à l'antisémitisme et aux persécutions ; elles relèvent d'une hostilité barbare gratuite à l'égard de tout être humain. Supposons que, fraîchement débarqué en Australie, vous vous trouviez à passer devant un cimetière aborigène : eh bien, si vous êtes un juif pieux et pratiquant, vous serez tenus, pour honorer "Dieu", de maudire les mères de tous ceux qui sont enterrés là…)

Il y a là un fait social bien réel, que nous devons regarder en face, si nous ne voulons pas participer à la tromperie et devenir complices de l'œuvre d'empoisonnement des générations

---

[28] « Votre mère rougira de confusion ; elle sera toute couverte de honte, celle qui vous enfanta […] » Jérémie, 50-12.

actuelles et futures, avec toutes les conséquences que ce processus peut entraîner.

La tromperie continuelle

Les spécialistes modernes du judaïsme, non contents de persévérer dans la voie de la duperie, ont renchéri en fausseté et en impudence sur les anciennes méthodes rabbiniques. Laissant de côté ici les diverses histoires de l'antisémitisme, indignes d'un examen sérieux, je me limiterai à donner trois exemples particuliers et un exemple général des supercheries modernes les plus "autorisées".

En 1962, une partie du Code de Maimonide déjà cité, dite "Le Livre de la connaissance", qui contient les règles élémentaires de la foi et de la pratique juives, est paru à Jérusalem en édition bilingue, la traduction anglaise étant donnée en regard du texte hébreux[29]. Ce dernier a été restauré dans sa pureté originale, et l'ordre d'exterminer les juifs infidèles y figure sans ambages : « C'est un devoir de les exterminer de ses propres mains ». Traduction anglaise : « C'est un devoir de prendre des mesures actives pour les détruire »... Sur quoi le texte hébreux précise les cas principaux d'"infidèles" à exterminer : « Ainsi, Jésus de Nazareth et ses disciples, et Sadoc et Baitos[30] et leurs disciples — pourri soit le nom des méchants ». De tout cela, pas un mot dans le texte anglais en regard (page 78a). Fait encore plus significatif : alors que cet ouvrage a connu une large

---

[29] Édition réalisée sous la direction de Moses Hyamson (l'un des experts du judaïsme les plus estimés de Grande-Bretagne) et publiée par Boys Town, Jérusalem.

[30] Les fondateurs présumés de la secte saducéenne.

diffusion parmi les spécialistes du monde anglophone, pas un d'entre eux, que je sache, n'a protesté contre cette éclatante falsification.

Mon deuxième exemple vient des États-Unis. Il s'agit là aussi d'une traduction anglaise d'un livre de Maïmonide. Maïmonide ne s'est pas consacré seulement à la codification du Talmud [et à la médecine — N.d.T.] ; il fut aussi un philosophe ; son Guide des égarés est considéré à juste titre comme le plus grand ouvrage de philosophie religieuse juive, et aujourd'hui encore, beaucoup de personnes continuent de le lire et de s'en inspirer. Nous avons déjà vu son attitude à l'égard des non-juifs en général et des chrétiens en particulier ; mais envers les noirs, il est carrément raciste, ce qui est plutôt fâcheux. Dans un passage essentiel de la fin du Guide (livre III, chapitre 51), il examine la prédisposition des différentes familles humaines à s'élever à la valeur religieuse suprême et au vrai culte de Dieu. Parmi les groupes incapables ne fût-ce que d'en approcher figurent :

> « Une partie des Turcs [c'est-à-dire les Mongols] et les nomades du nord, les noirs et les nomades du sud, et ceux qui leur ressemblent sous nos climats. Leur nature est semblable à celle des animaux muets, et selon mon opinion, ils n'atteignent pas au rang d'êtres humains ; parmi les choses existantes, ils sont inférieurs à l'homme mais supérieurs au singe car ils possèdent dans une plus grande mesure que le singe l'image et la ressemblance de l'homme. »

Mais alors, que faire d'un tel passage, qui se trouve dans l'un des ouvrages les plus importants et les plus nécessaires du judaïsme ?

Affronter la vérité et ses conséquences ? À Dieu ne plaise ! Reconnaître (comme tant de théologiens chrétiens, par exemple, l'ont fait dans de semblables circonstances) qu'une très haute autorité juive a soutenu les opinions les plus racistes à l'encontre des noirs, et, par cette confession, s'élever dans l'humanité réelle ? Jamais de la vie ! J'imagine presque nos docteurs de la loi, aux États-Unis, en train de se consulter sur la question.

Que faire, en effet ? Car il fallait bien traduire ce livre, vu le déclin de la connaissance de l'hébreu chez les juifs américains. Consultation ou pas, une heureuse "solution" fut trouvée : dans la traduction américaine du Guide par un certain Friedlander, traduction pour le grand public parue dès 1929, et ayant connu depuis de nombreuses rééditions, dont plusieurs en format de poche, on a tout simplement translitéré kushim (« noirs ») en « kushites », terme qui ne signifie rien si l'on ignore l'hébreu, ou qu'on ne s'en fait pas donner une explication orale par un rabbin obligeant[31]. Depuis soixante-dix ans, donc, pas une voix ne s'est élevée pour signaler la supercherie initiale et les réalités sociales qui ont permis de l'entretenir — pas même durant la période exaltée des campagnes de Martin Luther King, qui ont reçu l'appui de tant de rabbins, pour ne pas mentionner d'autres personnalités juives, dont certaines, au moins, étaient forcément

---

[31] Je suis heureux d'annoncer la parution récente (aux presses universitaires de Chicago : Chicago University Press) d'une nouvelle traduction où figure, sans faux-fuyants, le terme "noirs" ; mais vu son poids, et son prix très élevé, ce pavé ne risque guère, pour le moment, de tomber dans les "mauvaises" mains. C'est un procédé éprouvé : dans l'Angleterre du début du XIXe siècle, par exemple, la publication de livres révolutionnaires (comme ceux de Godwin) n'était autorisée que sous forme d'éditions inabordables.

instruites de la composante raciste anti-noirs de leur héritage culturel[32].

Dès lors, comment ne pas soupçonner bon nombre des partisans rabbiniques de Martin Luther King d'avoir été, soit des racistes lui apportant un appui tactique au nom de l'"intérêt juif" (gagner le soutien des noirs à la communauté juive américaine et à la politique d'Israël), soit des hypocrites consommés, à la limite de la schizophrénie, puisque capables de passer instantanément des jouissances secrètes d'un racisme forcené aux plus vives protestations d'attachement à une cause antiraciste — et vice-versa selon les circonstances ? !

Le troisième exemple est tiré d'un ouvrage qui, lui, n'a pas de si hautes prétentions scientifiques, mais n'en est que plus populaire : The Joys of Yiddish de Leo Rosten. Ce plaisant petit livre — paru pour la première fois aux États-Unis en 1968, et qui a connu de nombreuses rééditions, dont plusieurs en livre de poche chez Penguin — est une sorte de glossaire des termes yiddish d'un usage courant parmi les juifs et même les non-juifs des pays de langue anglaise. Chaque article contient non

---

[32] Un autre fait mérite d'être signalé à ce propos. Un spécialiste juif de l'islam, Bernard Lewis (anciennement professeur à Londres, enseignant aujourd'hui aux États-Unis) a fort bien pu, et semble-t-il en tout bien tout honneur, faire paraître dans *Encounter* un article montant en épingle de nombreux passages de la littérature islamique qui, à ses yeux, sont dirigés contre les noirs (mais dont aucun, en tout cas, n'approche ne serait-ce que de loin le passage de Maimonide cité plus haut). Il serait tout à fait impossible pour quiconque aujourd'hui, et cela vaut pour les trente dernières années, de traiter, dans quelque publication américaine "respectable" que ce soit, de ce passage ou des nombreuses autres formulations talmudiques injurieuses pour les noirs. Mais sans une critique de toutes les parties, cette attaque contre le seul islam se réduit à une pure et simple diffamation.

seulement une définition détaillée du terme, ainsi que des anecdotes plus ou moins drôles illustrant son emploi, mais aussi une partie étymologique indiquant la langue à laquelle le yiddish a emprunté le terme et sa signification dans cette langue. L'entrée Shaygets — dont le sens principal, en yiddish, est « garçon, ou jeune homme 'gentil' » — constitue une exception : ici, l'étymologie se limite à une allusion sibylline à une « origine hébraïque », sans fournir ni la forme, ni la signification du terme hébreu original. En revanche, à l'entrée Shiksa — forme féminine de Shaygets — l'auteur cite bien le mot d'origine : sheqetz , et déclare qu'en hébreu cela signifie « tache, défaut ».

Mensonge éhonté, comme le sait toute personne parlant hébreu. Le Megiddo Modern Hebrew-English Dictionary, édité en Israël, donne clairement et correctement la définition suivante de sheqetz : « animal impur ; créature répugnante, abomination (prononciation familière : shaygets), scélérat, jeune garçon turbulent ; jeune 'gentil' ».

Mon dernier exemple, d'ordre général, est, si possible, encore plus odieux que les autres. Il concerne l'attitude du mouvement hassidique envers les non-juifs. Le hassidisme — avatar (et grave avilissement !) de la mystique juive — est toujours un mouvement vivant, avec des centaines de milliers d'adeptes vouant un attachement fanatique à leur "saints rabbins", dont certains ont acquis une influence politique énorme en Israël, au sein des directions de la plupart des partis, et encore davantage dans les hautes sphères de l'armée.

Quelles sont donc les opinions de ce mouvement par rapport aux non-juifs ? Prenons par exemple la Hatanya, "bible" du mouvement habbadiste, l'une des branches les plus fortes du hassidisme. Selon ce livre, les non-juifs sont des créatures de Satan « chez lesquelles il n'y a absolument rien de bon ». La différence qualitative entre juifs et non-juifs existe dès le stade de l'embryon ! La vie même d'un non-juif est quelque chose d'» inessentiel », car le monde n'a été créé que pour le bénéfice des juifs.

Ce livre circule dans d'innombrables éditions, et les idées qu'il contient sont également propagées dans les nombreux "discours" de l'actuel Führer héréditaire de Habbad, le soi-disant rabbin de Loubavitch M.M. Schneurssohn, qui de son siège new-yorkais dirige cette organisation aux ramifications internationales. En Israël ces idées sont largement répandues dans le grand public, dans les écoles et dans l'armée. (Selon le témoignage de Shulamit Aloni, députée à la Knesset, cette propagande habbadiste s'est particulièrement intensifiée à la veille de l'invasion du Liban par Israël en mars 1978 : il s'agissait d'inciter les médecins et les infirmiers militaires à refuser leurs soins aux "blessés goyim ". Cette consigne digne des nazis ne visait pas les Palestiniens ou les arabes en général, mais carrément tous les "gentils" — goyim.) L'ancien président israélien Shazar était un fervent adepte de Habbad, et de nombreux dirigeants politiques israéliens et américains — sous la houlette du premier ministre Begin — ont publiquement soutenu et courtisé cette secte. Et cela en dépit de la grande impopularité du rabbin de Loubavitch : en Israël, beaucoup lui reprochent de ne pas vouloir venir en Terre Sainte, même pour une visite, et de faire bande à part à New York pour d'obscures raisons messianiques, tandis qu'à New York même son racisme à l'égard des Afro-américains est notoire.

Si malgré ces difficultés pratiques, Habbad peut jouir du soutien public de tant de personnalités de la haute politique, c'est en bonne partie grâce aux spécialistes du mouvement hassidique et de sa branche Habbad qui, presque tous, en donnent une présentation foncièrement déloyale et trompeuse. C'est le cas notamment de tous ceux qui ont écrit, ou qui écrivent sur la question en anglais. Ces auteurs gomment entièrement les infamies les plus évidentes des vieux textes hassidiques, ainsi que leurs conséquences politiques actuelles — toutes choses qui, au contraire, sautent aux yeux même du lecteur le plus inattentif de la presse israélienne en hébreu, où le rabbin de Loubavitch et autres chefs hassidiques ne cessent de publier les déclarations les plus violentes et les exhortations les plus sanguinaires contre tous les arabes.

Dans ce domaine, Martin Buber fut un grand artisan du mensonge, et un bon exemple de sa puissance. Dans ses nombreux ouvrages à la gloire du mouvement hassidique (y compris de Habbad), on ne trouvera rien sur la doctrine réelles du hassidisme à l'égard des non-juifs. Le crime de tromperie est d'autant plus grave que ces panégyriques ont connu leurs premières parutions en Allemagne à l'époque de la montée du nationalisme et de l'arrivée des nazis au pouvoir. Or, en dépit de son opposition ostentatoire au nazisme, Buber a fait l'apologie d'un mouvement qui, au sujet des non-juifs, avait et même professait une doctrine non dissemblable de celle des nazis au sujet des juifs. L'on dira que les juifs hassidiques d'il y a soixante-dix ou cinquante ans étaient les victimes, et qu'un "pieux mensonge" en faveur d'une victime est excusable. Mais les conséquences de la tromperie sont incalculables. Les œuvres de Buber, traduites en hébreu, sont devenues un grand classique de l'enseignement hébraïque en Israël et ont fortement consolidé les positions des chefs hassidiques assoiffés de sang ; bref, elles ont été un facteur très important de la montée du chauvinisme israélien et de la haine à l'égard de tous les non-juifs. De nombreux êtres humains sont morts effectivement de leurs blessures parce que des infirmiers militaires israéliens, le crâne bourré de propagande hassidique, ont refusé de les soigner —

comportement inhumain dans lequel une lourde part de responsabilité incombe à feu le philosophe Martin Buber.

Je dois signaler ici que dans son apologie béate du hassidisme, Buber dépasse de loin les autres penseurs juifs [favorables à cette secte], notamment ceux qui ont écrit ou écrivent en hébreu (ou, autrefois, en yiddish) ou même dans des langues européennes (mais uniquement à l'intention d'un public juif). Sur des questions ne relevant que des rapports inter juifs, les hassidim furent en butte jadis à des critiques nombreuses et justifiées, pour leur misogynie (bien plus poussée que le mépris des femmes partagé par toute l'orthodoxie juive), leur amour de l'alcool, le culte fanatique qu'ils vouent à leurs "saints rabbins" héréditaires [tsadikim], les nombreuses superstitions qui leur sont particulières, et tant d'autres coutumes et traits négatifs. Mais l'image romantique, pleine de sensiblerie et mensongère donnée par Buber l'a emporté, surtout aux États-Unis et en Israël, parce qu'elle était au diapason avec l'admiration totalitaire pour la moindre manifestation de l'"authentiquement juif" et qu'une certaine "gauche" juive a subi le charme du philosophe au point de tomber elle aussi dans le panneau.

Buber ne fut certes pas le seul de sa tendance, bien qu'à mon avis, il ait été de loin le pire de tous, par le mal qu'il a répandu et l'influence qu'il a laissée derrière lui. Citons, entre autres (car la liste serait longue), Yehezkiel Kaufman, grosse autorité en sociologie et en études bibliques, qui préconisait le génocide sur le modèle du Livre de Josué ; et le philosophe idéaliste Hugo Shmuel Bergman, qui dès 1914-1915, prônait l'expulsion de tous les Palestiniens en Irak. Tous ces penseurs étaient évidemment des "colombes", mais leurs formulations ont pu se prêter aux pires interprétations anti-arabes ; tous avaient un penchant pour ce mysticisme religieux qui tend à propager le mensonge et l'imposture ; c'étaient des personnes très aimables, elles avaient beau recommander l'expulsion, le racisme et le génocide, elles n'auraient pas fait de mal à une mouche — les conséquences de leurs mensonges n'en ont été que pires.

C'est contre l'apologie de l'inhumanité, prêchée non seulement par les rabbins mais par des personnes qui passent pour les plus grands penseurs du judaïsme (en tout cas, ce sont les plus influents) que nous devons lutter. Contre ces épigones modernes des faux prophètes et des prêtres de mauvaise foi, il nous faut répéter — à la face d'une opinion publique quasi-unanime en Israël et de la majorité des juifs de pays comme les États-Unis — l'avertissement de Lucrèce contre toute capitulation de la pensée devant les déclamations des chefs religieux : Tantum religio potuit suadere malorum — « Tant la religion a pu inspirer de maux ». La religion n'est pas toujours l'opium du peuple (comme dit Marx), mais certes, il arrive souvent qu'on la réduise à un tel usage en faussant sa vraie nature et en la défigurant : les penseurs et autres intellectuels qui accomplissent cette tâche acquièrent effectivement les caractèristiques de trafiquants d'opium.

Mais de cette analyse découle une autre conclusion plus générale au sujet des moyens les plus efficaces et les plus horribles inventés pour contraindre à faire le mal, à tricher et à tromper, et, tout en gardant soi-même les mains propres, corrompre des peuples entiers et les entraîner à l'oppression et au meurtre. (Car il ne peut plus faire aucun doute que les actes d'oppression les plus horrifiants commis en Cisjordanie sont inspirés par le fanatisme religieux juif.) La plupart des gens semblent supposer que le pire des totalitarismes recourt à la coercition physique, et ils renverront à l'imagerie de 1984 d'Orwell comme modèle d'un tel régime. Cette idée reçue me semble des plus fausses ; à mon avis, l'intuition d'Isaac Asimov dans son œuvre de science-fiction, où la pire des oppressions est toujours intériorisée, exprime de façon bien plus véridique les côtés dangereux de la nature humaine. Contrairement aux intellectuels rampants de Staline, les rabbins — et a fortiori les penseurs attaqués ici, et toute la basse-cour également silencieuse (quand il faut l'être) des écrivains, journalistes, hommes publics etc. qui mentent et trompent encore plus qu'eux — n'ont pas à redouter la mort ou le camp de concentration, mais uniquement une pression sociale ; ils mentent par patriotisme, parce qu'ils pensent que c'est un devoir de mentir dans ce qu'ils estiment être l'intérêt des juifs. Ce sont des menteurs patriotiques, et c'est ce même patriotisme qui leur ferme la bouche devant la discrimination et l'oppression que subissent les Palestiniens.

Dans cette affaire, nous nous heurtons à une autre loyauté de groupe, qui, elle, a une origine extérieure au groupe et est parfois encore plus malfaisante. De très nombreux non-juifs (parmi lesquels des chrétiens — prêtres et laïcs pratiquants — et des marxistes de toutes nuances) considèrent, fort curieusement, que pour "expier" les persécutions des juifs, il convient, entre autres, de ne pas s'élever contre leurs forfaits et, bien plus, de participer aux pieux mensonges à leur sujet. L'accusation grossière d'"antisémitisme" (ou dans le cas des juifs, de "haine de soi"), à laquelle a droit quiconque dénonce la discrimination imposée aux Palestiniens, ou signale, dans la religion ou le passé des juifs, des faits contraires à la "version officielle", frappe avec d'autant plus de force et d'hostilité qu'elle est lancée par les "amis des juifs". C'est l'existence et la vaste influence de ce groupe dans tous les pays occidentaux, surtout aux États-Unis (et dans les autres pays anglophones) qui a permis aux rabbins et aux spécialistes du judaïsme de propager leurs mensonges non seulement sans être contestés mais en bénéficiant d'une aide considérable.

En fait, parmi ceux qui font aujourd'hui profession d'"antistalinisme", beaucoup se sont simplement trouvé une autre idole à adorer, et dans l'ensemble, ils soutiennent le racisme et le fanatisme juifs avec encore plus d'ardeur et de mauvaise foi qu'on n'en pouvait trouver jadis chez les staliniens les plus absolus. Bien que cette façon d'appuyer aveuglément, à la stalinienne, toute manifestation du mal, du moment qu'elle est "juive", se soit fortement développée depuis 1945 et la découverte de la vérité sur l'extermination des juifs européens, ce serait une erreur d'y voir un phénomène contemporain. Un ami de jeunesse de Marx, Moses Hess, bien connu et respecté comme l'un des premiers socialistes d'Allemagne, a fait preuve, par la suite, d'un racisme juif extrême, et ses idées sur la "pure race juive", parues en 1858, n'ont rien à envier aux élucubrations sur la "pure race aryenne". Or les socialistes allemands, qui luttaient contre le racisme germanique, ont gardé le silence sur leur propre composante de racisme juif.

En 1944, en pleine guerre contre Hitler, le Parti travailliste anglais a approuvé un plan d'expulsion des Palestiniens de Palestine, tout à fait analogue aux premiers plans d'Hitler (jusqu'en 1941) concernant les juifs.

Ce plan fut voté sous les pressions des membres juifs de la direction du parti, dont beaucoup, depuis, ont ouvertement adopté, envers la politique israélienne quelle qu'elle soit, le principe de solidarité clanique du "touche pas à mon pote !", et cela dans une plus grande mesure que leurs homologues conservateurs partisans de Ian Smith l'ont jamais fait. Mais en Grande-Bretagne les tabous staliniens sont plus forts à gauche qu'à droite, et, sur le chapitre Israël, il n'y a pour ainsi dire aucun débat dans le Parti travailliste, même quand il appuie un gouvernement Begin.

Situation analogue aux États-Unis, où, encore une fois, les libéraux sont les pires.

Nous ne pouvons pas ici examiner toutes les conséquences politiques de cette situation, mais il faut voir la réalité en face : dans notre lutte contre le racisme et le fanatisme de la religion juive, nos pires ennemis ne sont pas seulement les racistes juifs (et ceux qui exploitent ce racisme), mais aussi, parmi les non-juifs, ceux qui à d'autres égards passent (abusivement, à mon avis) pour des « progressistes ».

CHAPITRE III

Orthodoxie et interprétation

Ce chapitre est consacré à une présentation plus détaillée de la structure théologico-juridique du judaïsme classique [33]. Mais auparavant, il est nécessaire de dissiper au moins certaines des nombreuses idées fausses, répandues sur le judaïsme par presque toutes les descriptions qui en sont données dans des langues autres que l'hébreu, notamment celles qui rabâchent les grandes formules actuellement à la mode, telles que "la tradition judéo-chrétienne" ou "les valeurs communes des religions monothéistes".

Comme il ne peut être question, ici, de les passer toutes en revue, je ne traiterai en détail que la plus importante de ces illusions populaires : l'idée que la religion juive est, et a toujours été, monothéiste. Comme le savent de nombreux spécialistes de la Bible, et comme le montre aisément une lecture attentive de

---

[33] Comme au chapitre 2, j'emploie le terme "judaïsme classique" pour désigner le judaïsme rabbinique de la période qui va de l'an 800 environ jusqu'à la fin du XIXe siècle. Cette période coïncide en gros avec le moyen âge juif, puisque la plupart des communautés juives ont continué à vivre dans des conditions médiévales jusqu'à l'époque de la Révolution française (alors que pour les nations d'Europe occidentale le Moyen âge prend fin au milieu du XVe siècle). Ce que j'appelle le judaïsme "classique" peut donc être considéré comme le judaïsme médiéval.

l'Ancien Testament, cette opinion ahistorique est tout à fait erronée. Dans beaucoup, sinon dans la plupart des livres de l'Ancien Testament, l'existence et le pouvoir d'"autres dieux" sont clairement reconnus, mais Yahvé (Jéhovah) est le plus puissant[34], il est aussi très jaloux de ses rivaux et interdit à son peuple de les adorer[35]. La négation de l'existence de tout autre dieu que Yahvé n'est affirmée que très tard dans la Bible, par certains des derniers prophètes[36].

Ce qui nous occupe ici, cependant, ce n'est pas le judaïsme biblique, mais le "classique" ; or, il est clair, même si cela est bien moins compris, que lui aussi, durant ses quelques dernières centaines d'années, s'est dans l'ensemble éloigné du pur monothéisme. On peut en dire de même du corps de doctrine effectivement dominant dans le judaïsme orthodoxe d'aujourd'hui, qui est la continuation directe du judaïsme classique. La désagrégation du monothéisme commence aux XIIe et XIIIe siècles avec le développement de la mystique juive (la cabale [ou Kabbale]) ; à la fin du XVIe siècle, celle-ci aura conquis, à peu près, tous les centres du judaïsme.

C'est contre ce mysticisme et son influence, plus que contre toute autre chose, que la Haskalah (le mouvement des Lumières juif), née de la crise du judaïsme classique, eut à engager le combat ; et pourtant, dans l'orthodoxie juive actuelle, surtout

---

[34] Exode, 15 :11.

[35] Ibid., 20 :3-6.

[36] Second Isaïe, 44 ; le même thème est repris par Jérémie, 10.

chez les rabbins, la cabale a conservé sa prédominance[37]. Le mouvement Gush Emunim, par exemple, s'inspire dans une grande mesure d'idées cabalistiques.

Il s'ensuit que sans une connaissance et une compréhension de ces idées, il est impossible de comprendre les croyances réelles du judaïsme à la fin de sa période classique. D'autre part, ces idées jouent un rôle politique important dans l'époque contemporaine, dans la mesure où elles font partie du credo explicite de nombreux politiciens religieux (dont la plupart des dirigeants de Gush Emunim) et ont une influence indirecte sur de nombreux leaders sionistes — de tous partis, y compris de la gauche.

Selon la cabale, l'univers est dominé non par un seul dieu mais par plusieurs entités divines, différant par leur caractère et leur influence, et qui sont les émanations d'une Cause Première indistincte et lointaine. Sans entrer dans une foule de détails, on peut résumer ce système ainsi. De la Cause Première sont nés (en termes théologiques, ont émané), d'abord un dieu mâle appelé "Sagesse" ou "Père", puis une divinité féminine, la "Connaissance" ou la "Mère". De l'union des deux procèdent deux jeunes divinités : le Fils, également désigné sous beaucoup d'autres noms, tels que "La Petite Face" ou "Le Saint

---

[37] La cabale [on écrit aussi souvent Kabbale] est, bien sûr, une doctrine ésotérique dont l'étude était réservée aux érudits. En Europe, surtout après le milieu du XVIIIe siècle, des mesures draconiennes furent prises pour la garder secrète et en interdire l'étude, sauf à des érudits éprouvés et sous la stricte direction d'un maître. Les masses juives non instruites d'Europe orientale n'avaient aucune connaissance réelle de la doctrine cabalistique, mais celle-ci filtrait jusqu'à elles sous forme de superstitions et de pratiques magiques.

Bienheureux" ; et la Fille, dite aussi la "Dame" (ou "Matronit", du latin matrona), "Shekhinah", la "Reine", et ainsi de suite.

Ces deux jeunes dieux doivent s'unir à leur tour, mais la chose est empêchée par les machinations de Satan, qui dans ce système est un personnage très important — et indépendant. La Cause Première entreprend la Création du monde pour leur permettre de s'unir, mais à cause de la Chute, tous deux se retrouvent plus séparés que jamais, au point que Satan réussit à approcher la Fille divine et même à abuser d'elle (en apparence ou en réalité — les opinions diffèrent sur ce point). Le peuple juif est alors créé pour arranger la rupture provoquée par Adam et Ève, ce qui se réalise l'espace d'un instant sur le Mont Sinaï, où le Fils divin, incarné dans Moïse, s'unit avec la déesse Shekhinah. Malheureusement, le culte du Veau d'Or provoque une nouvelle désunion entre les jeunes divinités ; mais le repentir du peuple juif ramène un certain accord. Les cabalistes associent de même chaque épisode de l'histoire biblique à une union ou une désunion du jeune couple divin. La conquête du pays de Canaan et le massacre de ses habitants, ainsi que l'édification du premier et du second Temple sont des faits particulièrement propices à leur union ; inversement, la destruction des Temples et l'exil des juifs sont des signes externes non seulement d'une désunion entre les deux jeunes divinités, mais de leur « prostitution à des dieux étrangers » : la Fille tombe sous l'empire de Satan, et le Fils, délaissant son épouse, accepte sur sa couche diverses créatures sataniques.

Le devoir des juifs pieux est de rétablir par leurs prières et leurs actes religieux l'unité parfaite, sous forme d'union sexuelle, entre la divinité mâle et la divinité femelle[38]. Ainsi, avant la plupart des actes rituels, que tout juif dévot doit accomplir de nombreuses fois par jour, l'on récite la formule cabalistique suivante : « Pour l'heureuse réunion [sexuelle] [39] du Saint Bienheureux et de sa Shekhinah [...] » Les prières du matin sont elles aussi agencées de façon à favoriser cet acte d'amour, ne serait-ce que momentanément. Les parties successives de la prière correspondent mystiquement aux étapes de la "réunion" : à un moment, la déesse s'approche avec ses servantes, à un autre, le dieu lui passe le bras autour du cou et lui caresse les seins, et finalement le rapport sexuel est censé avoir lieu.

D'autres prières et actes rituels, dans l'interprétation des cabalistes, ont pour but de tromper divers anges (divinités mineures jouissant d'une certaine autonomie) ou pour rendre Satan propice. À un certain moment de la prière du matin, on prononce quelques versets en araméen[40], petite ruse destinée aux anges qui gardent les portes du Ciel et qui ont le pouvoir de refouler les prières des hommes pieux. Ces anges, en effet, ne comprennent que l'hébreu ; de plus, n'étant pas très malins (en tout cas, l'étant bien moins que les cabalistes), ils sont

---

[38] Beaucoup de mystiques juifs contemporains estiment que cette fin pourrait être atteinte plus rapidement par une guerre contre les arabes, par l'expulsion des Palestiniens, ou même par la création de nombreuses implantations juives en Cisjordanie. Le mouvement pour la construction du Troisième Temple repose lui aussi sur de telles idées.

[39] En hébreux yihud, littéralement « union à l'écart » ; le même terme est utilisé dans les textes de loi (relatifs au mariage etc.) pour désigner les rapports sexuels.

[40] Il s'agit de la Qedushah Shlishit (Troisième Sainteté), insérée dans la prière Uva Letzion vers la fin du service du matin.

déconcertés par les versets araméens et, du coup, ouvrent les portes, laissant passer ainsi toutes les prières, y compris celles en hébreu. Autre exemple : aussi bien avant qu'après manger, tout juif pieux se lave rituellement les mains en prononçant une certaine formule de bénédiction. Dans un cas il honore Dieu, en favorisant l'union divine du Fils et de la Fille ; dans l'autre il honore Satan, lequel apprécie beaucoup les prières et les rituels juifs, au point que si on lui en offre quelques-uns, il en oublie, au moins pendant ce temps-là, de tourner autour de la Fille divine. Selon la croyance des cabalistes, en effet, certaines des victimes qu'on brûlait dans le Temple étaient destinées à Satan. Ainsi, les soixante-dix bœufs sacrifiés durant les sept jours de la fête des Tabernacles[41] étaient, selon eux, offerts au diable en sa qualité de maître de tous les gentils[42], afin que, complètement subjugué, il ne vienne pas déranger le sacrifice du huitième jour, rendu à Dieu. On pourrait citer bien d'autres exemples de cette veine.

Plusieurs remarques s'imposent concernant ce système et son importance pour une juste compréhension du judaïsme

---

[41] Nombres, 29. [On traduit aussi par "fête des Tentes" (N.d.T.)]

[42] La puissance de Satan, et son rapport aux non-juifs, sont illustrés par une coutume répandue, qui s'est établie au début du XVIIe siècle sous l'influence des cabalistes dans de nombreuses communautés juives. Une juive qui revient de son bain mensuel de purification (après lequel elle doit impérativement avoir des rapports sexuels avec son époux) doit se garder de faire la rencontre d'une des quatre créatures sataniques : le chien, le porc, l'âne ou le gentil. Si elle croise l'une d'elles, elle doit retourner prendre un autre bain. Cette coutume est prônée, entre autres, par le Shevet Musar, livre de morale et de bonne conduite publié en 1712 : jusqu'au début de ce siècle, ce fut l'un des ouvrages des plus populaires chez les juifs d'Europe orientale et des pays musulmans ; encore aujourd'hui il est beaucoup lu dans certains milieux orthodoxes.

classique et de ses effets politiques contemporains à l'intérieur de la pratique sioniste.

D'abord, on dira ce qu'on voudra de ce système cabalistique, sauf qu'il soit monothéiste, à moins d'être prêt à considérer comme tels l'hindouisme, la religion gréco-romaine ou celle de l'ancienne Égypte.

En second lieu, la facilité avec laquelle ce système fut adopté en dit long sur la nature réelle du judaïsme classique : la foi et les croyances (exception faites des articles de foi nationalistes) y jouent un rôle extrêmement réduit. Ce qui compte, c'est l'acte rituel lui-même, bien plus que la signification qu'on lui prête ou que la croyance à laquelle on l'associe.

De sorte qu'aux époques où une minorité de juifs pratiquants refusaient d'accepter la cabale (comme c'est toujours le cas), on pouvait voir certains juifs, peu nombreux, accomplir un rituel donné en croyant par là adorer Dieu, tandis que les autres faisaient exactement la même chose, mais dans l'intention de rendre Satan propice — mais du moment que l'acte est le même, ils priaient régulièrement ensemble et restaient membres de la même communauté, quelle que fût leur aversion les uns pour les autres. Mais que quelqu'un ose introduire une innovation, par exemple, dans la forme du lavement rituel des mains[43], et c'est le schisme assuré.

---

[43] Le rite du lavement des mains est fixé dans les moindres détails. Ainsi, il n'est pas question d'y procéder sous un robinet ; chaque main doit être lavée séparément, dans une eau versée d'une aiguière (pas plus petite que la taille prescrite) tenue dans l'autre main. Si on a les mains vraiment sales, il est évidemment impossible de les laver de cette façon, mais il est tout aussi évident que ces considérations pragmatiques n'ont rien à faire ici. Le judaïsme classique

On peut en dire de même pour les formules sacrées du judaïsme.

L'important est de les prononcer et sans rien y changer ; leur sens est secondaire. La formule la plus sacrée est sans doute « Écoute ô Israël, le Seigneur est notre Dieu, le Seigneur est unique », tout juif pieux doit la réciter plusieurs fois par jour ; à l'époque actuelle elle peut avoir deux significations contraires : soit que le Seigneur est effectivement "unique", soit qu'un certain stade a été atteint dans l'union des deux divinités mâle et femelle, ou que sa réalisation est favorisée par une récitation sans fautes de la formule. Mais quand les juifs d'une communauté réformée récitent cette formule dans une autre langue que l'hébreu, la moutarde monte au nez de tous les rabbins orthodoxes, qu'ils croient en l'Unité ou en la divine Union sexuelle.

Enfin, tout cela est d'une importance considérable en Israël (et dans d'autres centres juifs) même aujourd'hui. L'énorme signification attachée à de pures formules (telles que la « Loi de Jérusalem ») ; les idées et les motivations de Gush Emunim ; la haine persistante et insistante pour les non-juifs vivant actuellement en Israël ; l'attitude fataliste adoptée envers toutes les tentatives de paix émanant des États arabes — tous ces traits de la politique sioniste, et beaucoup d'autres, qui laissent perplexes tant de personnes bien intentionnées ayant de fausses notions sur le judaïsme classique, deviennent plus intelligibles,

---

prescrit un grand nombre de rituels détaillés de ce genre, auxquels la cabale attache une profonde signification. De nombreuses règles dictent la conduite à adopter, par exemple, dans les lieux d'aisance. En revanche, si l'on fait ses besoins dehors, il ne faut pas se placer dans une direction nord-sud, car le nord est associé à Satan.

dès qu'on les considère sur le fond de cet héritage religieux et mystique. Mais je dois mettre en garde ceux qui, passant d'un extrême à l'autre, seraient tentés d'expliquer en ces termes toute la politique sioniste. Il est évident que l'influence exercée par cet héritage varie. Ben Gourion était maître dans l'art de le manipuler à des fins spécifiques. Avec Begin le passé s'est mis à peser bien davantage sur le présent. La grande erreur est de ne pas tenir compte du passé et de l'ignorer, car il faut nécessairement le connaître pour transcender son pouvoir aveugle.

Interprétation de la Bible

Comme on l'aura vu d'après les exemples cités, ce que la plupart des gens "bien informés" pensent savoir du judaïsme peut être très trompeur, à moins qu'ils ne sachent lire l'hébreu. Toutes les choses mentionnées jusqu'ici se trouvent dans les textes originaux ou, dans certains cas, dans des livres modernes, écrits en hébreu pour un public assez spécialisé. On les chercherait en vain dans les publications en anglais, alors que l'omission de faits d'une telle importance sociale déforme complètement le tableau.

Autre idée fausse sur le judaïsme, particulièrement répandue chez les chrétiens ou les personnes marquées par la tradition et la culture chrétiennes : l'idée que le judaïsme serait une "religion biblique", que l'Ancien Testament aurait dans le judaïsme la même place centrale, la même autorité prescriptive que l'ensemble de la Bible pour les protestants, voire pour les catholiques.

Encore une fois, nous nous retrouvons devant la question de l'interprétation. Nous avons vu qu'en matière de croyance, il y a beaucoup de latitude. Mais c'est exactement l'inverse qui se produit pour l'interprétation législative des textes sacrés : là, tout est fixé rigidement — par le Talmud, et non par la Bible elle-même[44]. Beaucoup, et peut-être la plupart des versets bibliques prescrivant des actes et des devoirs religieux sont "compris" par le judaïsme classique, et par l'orthodoxie actuelle, dans un sens qui diffère complètement, ou qui est exactement l'inverse de la signification littérale, telle que la comprennent les lecteurs chrétiens ou autres de l'Ancien Testament, qui, eux, ne voient que l'évidence du texte. La même division existe aujourd'hui en Israël entre ceux qui ont été élevés dans des écoles religieuses juives et ceux qui sont allés à l'école hébraïque laïque, où, dans l'ensemble, on enseigne la signification manifeste de l'Ancien Testament.

Il est nécessaire, je pense, de donner quelques exemples. On notera que les modifications du sens ne se font pas toutes dans la même direction du point de vue de la morale, telle qu'on l'entend aujourd'hui. Selon l'apologétique judaïque, l'interprétation de la Bible, initiée par les Pharisiens et fixée dans le Talmud, est toujours plus libérale que le sens littéral.

Certains des exemples qui suivent montrent que c'est loin d'être le cas.

1. Commençons pas le Décalogue lui-même. Le huitième commandement, « Tu ne voleras pas » (Exode, 20 :15), est interprété comme l'interdiction de "voler" (c'est-à-dire d'enlever) une personne juive.

---

[44] Je dis « interprétation ». Mais selon l'opinion classique (et orthodoxe actuelle), la signification talmudique, même quand elle est opposée au sens littéral, est la bonne et l'a toujours été.

La raison en est que selon le Talmud, tous les actes interdits par le Décalogue sont des crimes capitaux. Or, voler des biens n'est pas un crime capital (et l'enlèvement de gentils par des juifs est permis par la loi talmudique) — d'où cette interprétation. En revanche, on laisse son sens littéral à une formule quasi identique, « Vous ne volerez pas » (Lévitique, 19 :11).

2. Le célèbre verset « Œil pour œil, dent pour dent » etc. (Exode, 21 :24) est censé signifier « argent de l'œil pour un œil » etc., autrement dit paiement d'une amende et non châtiment physique.

3. Voici maintenant un cas notoire d'inversion complète du sens littéral.

Le texte biblique ordonne clairement de ne pas suivre la majorité dans une cause injuste : « Tu ne prendras pas le parti du plus grand nombre pour commettre le mal, et tu ne témoigneras pas contre quelqu'un engagé dans un procès en suivant la majorité contre le droit » (Exode, 23 :2). Les derniers mots de la phrase — « Suivre la majorité contre le droit » — sont arrachés de leur contexte et interprétés comme une injonction à suivre la majorité !

4. « Tu ne feras pas cuire un chevreau dans le lait de sa mère », est-il dit dans l'Exode (23 :19). Interprétation : défense, dans tous les cas, de mélanger de la viande avec du lait ou des laitages. Le même verset apparaît à deux autres endroits du Pentateuque. Simple répétition, dira-t-on ; non, il faut y voir une triple interdiction, qui défend aux Juifs 1) de manger d'une telle

mixture, 2) de la faire cuire pour une raison ou une autre, et 3) d'en tirer quelque jouissance ou bénéfice que ce soit[45].

5. Dans de nombreux cas, des termes généraux tels que "ton semblable", "étranger", ou même "homme" sont pris dans un sens exclusiviste et chauvin. Le célèbre verset « tu aimeras ton compagnon[46] comme toi-même » (Lévitique, 19 :18) est compris par le judaïsme classique (et orthodoxe actuel) comme l'ordre d'aimer son compagnon juif, et non pas humain en général. De même, le verset « tu ne te mettras pas contre le sang de ton prochain » (ibidem, 16) est censé signifier qu'il ne faut pas rester inactif quand la vie (le "sang") d'un compagnon juif est en danger ; mais comme on le verra au chapitre 5, il est interdit de sauver la vie d'un gentil, parce qu' » il n'est pas ton compagnon ». La généreuse injonction d'abandonner la glanure de son champ et les grappillons de sa vigne « au pauvre et à l'étranger » (ibidem, 9-10) ne s'applique plus, dans l'"interprétation", qu'aux juifs pauvres et aux convertis au judaïsme. Les tabous concernant les cadavres commencent par le verset « Voici la loi, lorsqu'un homme meurt dans une tente. Quiconque entre dans la tente [...] sera impur sept jours » (Nombres, 19 :14). Mais le mot "homme" (adam) est pris au sens

---

[45] Selon une anecdote apocryphe, un célèbre hérétique juif du XIXe siècle fit remarquer à ce propos que le verset « Tu ne commettras pas d'adultère » n'est répété que deux fois : « apparemment, donc, il est interdit de manger l'adultère ou de le faire cuire, mais on peut quand même en tirer quelque jouissance ! »

[46] L'hébreu re'akha est rendu par la version du roi Jacques (et par la plupart des autres traductions anglaises), de façon assez imprécise, par thy neighbour, "ton voisin" [de même l'équivalent vague en français, "ton prochain"]. Voir cependant 2 Samuel 16 :17, où le même terme est traduit plus correctement ("ton ami") par cette même version du roi Jacques [de même que par les versions françaises].

de "juif", si bien que seul un mort juif est tabou (c'est-à-dire à la fois "impur" et sacré). Conformément à cette interprétation, les juifs pieux éprouvent une vénération mêlée de terreur magique pour les dépouilles de "leurs" semblables et pour les cimetières juifs, mais n'ont aucun respect des cadavres et des cimetières non-juifs. C'est ainsi que des centaines de cimetières musulmans ont été entièrement détruits en Israël (ce qui a dégagé le terrain, par exemple, pour l'hôtel Hilton de Tel-Aviv) ; mais que de hauts cris à propos des dégâts subis, sous domination jordanienne, par le cimetière juif du mont des Oliviers ! On n'en finirait pas de citer des exemples de ce genre. Certaines des conséquences inhumaines de ce type d'interprétation seront exposées au chapitre 5.

6. Enfin considérons un des plus beaux passages prophétiques, celui où Isaïe dénonce l'hypocrisie et le pur rituel, et exhorte à agir selon le bien commun. Un de ces versets dit (Isaïe, 1 :15) : « Quand vous étendez les mains, je détourne les yeux. Vous avez beau multiplier les prières, moi, je n'écoute pas. Vos mains sont pleines de sang. » Or, les prêtres juifs "étendent les mains" lorsqu'ils bénissent les fidèles pendant le service ; ce verset se voit donc attribuer la signification suivante : un prêtre qui a commis accidentellement un homicide perd le droit d'"étendre les mains" en donnant la bénédiction (même s'il est repentant), parce qu'elle sont "pleines de sang" !

Il est manifeste, même d'après ces exemples, que la Bible, lue par les juifs orthodoxes d'aujourd'hui (et telle qu'elle était lue par tous les juifs avant 1780), avec toutes ces distorsions, devient carrément un autre livre, très différent, dans sa signification, de la Bible que lisent les non-juifs et les juifs non-orthodoxes. Comme l'expérience l'a maintes fois confirmé, surtout depuis 1967, cette distinction vaut même en Israël où, pourtant, les deux partis lisent le texte en hébreu. De nombreux juifs en Israël (et ailleurs) qui ne sont pas orthodoxes et n'ont qu'une connaissance d'ensemble de la religion juive, ont cherché, en citant des versets de la Bible dans leur clair sens humain, à faire honte aux orthodoxes israéliens (et aux Israéliens de droite fortement influencés par la religion) de leur attitude inhumaine à l'égard des Palestiniens. Mais toujours, il s'est avéré que de tels arguments n'avaient pas la moindre prise sur les adeptes du judaïsme classique : ils ne comprennent pas, tout simplement, ce qu'on leur dit, puisque pour eux le texte biblique n'a pas du tout le même sens que pour tout le monde.

Si une telle barrière de communication existe en Israël, où les gens lisent l'hébreu et peuvent, s'ils le désirent, obtenir facilement les informations correctes, on imaginera l'étendue de la méprise à l'étranger — par exemple, chez les personnes instruites dans la tradition chrétienne. En fait, plus une de ces personnes lit la Bible, et moins elle en sait sur le judaïsme orthodoxe. Car ce dernier voit dans l'Ancien Testament un tissu de formules sacrées immuables dont la récitation est un acte de grande vertu, mais dont la signification est entièrement fixée de l'extérieur. Et, comme Heumpty Deumpty le dit à Alice, il ne suffit pas de se demander qui peut déterminer le sens des mots, la vraie question est : « Qui sera le maître ? »

Structure du Talmud

Donc, il convient absolument de comprendre que la source de l'autorité, pour toutes les pratiques du judaïsme classique (et orthodoxe actuel), la base déterminante de sa structure législative, est le Talmud, ou, pour être précis, le Talmud dit babylonien — le reste de la littérature talmudique (y compris le Talmud dit palestinien ou de Jérusalem) n'ayant qu'une autorité supplétive.

Il n'est pas question, ici, de fournir une description détaillée du Talmud et de la littérature talmudique : nous nous limiterons à quelques points principaux, nécessaires à notre propos. Fondamentalement le Talmud se compose de deux parties. D'abord, la Mishnah, code de lois lapidaire en six volumes divisés chacun en plusieurs traités (en hébreu), rédigés en Palestine vers l'an 200 à partir du corpus juridique bien plus vaste (et en grande partie oral) composé au cours des deux siècles précédents. La seconde partie, de loin prépondérante, appelée Guémarah, est un volumineux recueil d'explications et de commentaires de la Mishnah. Il y a deux Guémarah, plus ou moins parallèles : l'une a été composée en Mésopotamie ("Babylone") entre 200 et 500, l'autre en Palestine entre 200 et une date inconnue (mais bien avant l'an 500). Seul le Talmud babylonien (c'est-à-dire la Mishnah plus la Guémarah mésopotamienne), bien plus abondant et bien mieux organisé que le palestinien, est considéré comme définitif et comme source indiscutable d'autorité. Nettement inférieur, en revanche, le statut accordé, en tant qu'autorité législative, au Talmud hiérosolymitain (palestinien) ainsi qu'à un certain nombre de compilations, formant ce qu'on appelle la "littérature talmudique" et contenant des textes que n'ont pas repris les rédacteurs des deux Talmuds.

Contrairement à la Mishnah, le reste du Talmud et la littérature talmudique sont écrits tantôt en hébreu tantôt en araméen, cette dernière langue prédominant dans le Talmud babylonien. D'autre part, ils ne traitent pas uniquement de questions juridiques. Sans aucun ordre ni aucune raison apparente, l'exposé juridique est souvent brusquement interrompu par ce que l'on appelle la « Narration » (Aggadah) — pot-pourri de récits et d'anecdotes mettant en scène rabbins et gens du peuple, personnages bibliques, anges, démons, faits de sorcellerie et miracles[47]. L'Aggadah, en dépit de sa grande popularité à travers les âges au sein du judaïsme, a toujours été considérée (y compris par le Talmud) comme un aspect secondaire. Le plus précieux, pour le judaïsme classique, ce sont les parties législatives du texte, notamment l'exposé des cas jugés problématiques. Le Talmud considère qu'il y a plusieurs catégories de juifs et les définit comme suit, par ordre ascendant : les ignorants, ceux qui ne connaissent que la Bible, ceux qui connaissent aussi la Mishnah ou l'Aggadah, et enfin, ceux qui ont étudié et qui peuvent discourir sur les aspects juridiques de la Guémarah. Seuls ces derniers sont capables de diriger leurs compagnons juifs en toutes choses.

Le droit talmudique, tout en se présentant comme un ensemble complet, total et d'une autorité rigoureuse, se prête à d'infinis développements, sans que cela requière la moindre modification de sa base dogmatique.

Tous les aspects aussi bien individuels que sociaux de la vie des juifs y sont considérés, en général avec une extrême minutie — d'où un arsenal fabuleux de peines et de châtiments pour tous les péchés et infractions imaginables. Pour chaque cas, les règles fondamentales sont énoncées dogmatiquement et sans contestation possible. Ce que l'on peut discuter, et que l'on discute de fait en long et en large, c'est l'élaboration et la définition pratique de ces règles. Il faut donner quelques exemples.

---

[47] La Mishnah est remarquablement sobre à cet égard ; la croyance dans les démons et la sorcellerie ne s'y manifeste que rarement. Le Talmud babylonien, au contraire, regorge des plus grossières superstitions.

« N'accomplir aucun travail » le jour du sabbat. Le concept de travail est parfaitement défini : il comprend 39 types d'activités, ni une de plus ni une de moins, selon des critères qui n'ont rien à voir avec la peine ou la difficulté ; il s'agit uniquement d'une question de définition dogmatique. Il est interdit d'écrire par exemple. Mais combien faut-il écrire de caractères pour violer le sabbat ? (Réponse : Deux.) Le péché est-il le même quelle que soit la main utilisée ? (Réponse : Non.) Mais pour réduire la tentation, un interdit annexe frappe, le jour du sabbat, tout objet pouvant servir à écrire : il ne faut même pas y toucher.

Autre travail archétypique interdit le jour du sabbat : broyer le grain, que ce soit en le moulant, le pilant, etc. D'où découle, par analogie, l'interdiction de broyer quoi que ce soit de quelque manière que ce soit. Ce qui signifie entre autres l'interdiction de pratiquer la médecine le samedi (sauf si un juif est en danger de mort), pour que ne soit pas commis le péché de piler des substances médicamenteuses. Inutile de faire remarquer qu'à l'époque actuelle un tel risque est inexistant (et qu'il l'était déjà, d'ailleurs, dans la plupart des cas, à l'époque talmudique), car, par précaution supplémentaire, le Talmud interdit explicitement (le jour du sabbat) médicaments liquides et boissons reconstituantes. Ce qui a été une fois décrété le reste à jamais, aussi absurde que ce puisse devenir.

Tertullien, un des premiers Pères de l'Église, a écrit : « Je crois parce que c'est absurde ». En remplaçant "je crois" par "je pratique", on obtient la formule de base de la plupart des règles talmudiques.

Mais nous n'avons pas encore touché le fond de l'absurdité atteinte par ce système. Toute récolte (cueillette, moisson) est évidemment frappée par l'interdit sabbatique. Il ne faut donc pas prendre de branches aux arbres. D'où l'interdiction de se déplacer à cheval (ou au moyen de tout autre animal) pour ne pas être tenté de briser une branche pour s'en faire une cravache. Inutile d'objecter que vous êtes déjà pourvu d'un fouet, ou qu'il n'y a pas d'arbre dans la région : ce qui a été une fois interdit, le demeure à jamais. En revanche, le domaine de l'interdit peut être élargi et renforcé : ainsi, il est interdit de se déplacer à vélo le jour du sabbat.

Les mêmes méthodes — ceci sera mon dernier exemple — sont aussi utilisées pour des cas purement théoriques, n'ayant vraiment aucune application pratique. Quand le Temple existait, seule une vierge pouvait devenir l'épouse du Grand Prêtre. Bien que durant presque toute la période talmudique il n'y eût plus ni Temple ni Grand Prêtre, le Talmud consacre tout un développement, particulièrement contourné (et bizarre) à la définition exacte du terme "vierge", s'agissant de la future épouse d'un Grand Prêtre. Une fille dont l'hymen s'est déchiré accidentellement entre-telle encore dans cette catégorie ? Y a-t-il une différence selon que l'accident s'est produit avant ou après l'âge de trois ans ? Par l'effet du métal ou du bois ? Était-ce en grimpant à un arbre ? Et si oui, était-ce en montant ou en descendant ? Cela est-il arrivé pour des raisons naturelles ou non naturelles ? Etc. Etc. Tout cela étant examiné dans les plus menus détails. Dans le judaïsme classique, il fallait maîtriser des centaines de problèmes de ce genre pour être considéré comme un homme instruit. Les grands docteurs de la Loi se reconnaissaient à leur capacité d'ajouter de nouveaux développements à ces problèmes ; comme on l'a vu par les exemples cités, il y a toujours matière à une telle activité — pourvu qu'elle se fasse dans la direction fixée — et de fait, elle a continué après la rédaction définitive du Talmud.

Cependant, il existe deux grandes différences entre la période talmudique (qui se termine vers l'an 500) et la période du judaïsme classique (à partir de l'an 800 environ). 1) Le Talmud est le produit d'une aire géographique limitée, et 2) la société dont il traite est une société juive "complète", fondée sur l'agriculture. (Et ceci vaut aussi bien pour la Mésopotamie que pour la Palestine.). Alors qu'à l'époque les juifs s'étaient répandus dans tout l'empire romain et dans de nombreuses provinces de l'empire des Sassanides, l'élaboration du Talmud — comme il appert clairement du texte lui-même — fut une affaire strictement locale. Aucun penseur vivant dans des pays autres que la Mésopotamie et la Palestine n'y participa, et le texte ne reflète pas de conditions sociales extérieures à ces deux régions.

L'on sait très peu de choses de l'histoire sociale et religieuse des juifs au cours des trois siècles qui suivent. Mais à partir de l'an 800, moment où l'on recommence à disposer d'informations plus précises, on constate aussi que les deux traits caractéristiques mentionnés ci-dessus se sont inversés. Le Talmud babylonien (et à un bien moindre degré le reste de la littérature talmudique) est reconnu comme source d'autorité, et il est étudié et enrichi dans toutes les communautés. Mais en même temps la société juive a subi une transformation fondamentale : quelle que soit sa forme et son emplacement géographique, elle ne comporte plus d'agriculteurs.

Le système social qui en résulte sera examiné au chapitre 4. Voyons d'abord comment le Talmud fut adapté aux conditions — géographiquement bien plus étendues, socialement bien plus étroites, et de toute façon radicalement différentes — du judaïsme classique. Je m'attacherai avant tout à ce qui fut, à mon avis, la méthode la plus décisive d'adaptation : les dispenses.

Les dispenses

Comme nous l'avons vu, le système talmudique est des plus dogmatiques et ne souffre aucun relâchement des règles, même quand des modifications de circonstances les rendent absurdes. Dans le cas du Talmud — à la différence de la Bible — le sens littéral du texte est contraignant : il n'est pas permis de l'évacuer par interprétation. Or, durant la période du judaïsme classique plusieurs lois talmudiques devinrent intolérables pour les classes dirigeantes de la société juive — les rabbins et les riches. Dans l'intérêt de ces classes fut élaborée une méthode de tromperie systématique pour sauvegarder le texte de la loi tout en en violant l'esprit et l'intention. C'est ce système hypocrite de "dispenses" (heterim) qui, à mon avis, est la cause principale de l'avilissement du judaïsme à son époque classique. (La seconde cause étant la mystique juive, dont les effets, cependant, ont été beaucoup plus limités dans le temps.) Encore une fois, quelques exemples sont nécessaires pour illustrer le fonctionnement de ce système.

1. Le prêt à intérêt

Il est formellement interdit par le Talmud, qui prévoit un châtiment sévère pour tout juif qui prélèvera un intérêt sur un prêt consenti à un autre juif. (Par contre, selon la plupart des autorités talmudiques, c'est un devoir religieux de soutirer le plus d'intérêts possibles quand on prête à des gentils.) Des règles très précises interdisent même les formes les plus détournées par lesquelles un prêteur juif pourrait tirer bénéfice d'un débiteur juif. Tous les complices juifs d'une telle transaction, y compris le scribe et les témoins, sont flétris comme infâmes (et perdent notamment tout titre à témoigner en justice), car participer à un tel acte revient, pour un juif, à déclarer qu' » il ne participe pas du dieu d'Israël ». Il est clair que cette loi répond aux besoins de populations de cultivateurs ou d'artisans, ou de petites communautés utilisant leur argent pour le prêter à des non-juifs. Mais la situation avait énormément évolué à la fin du XVIe siècle en Europe orientale et surtout dans la Pologne d'alors, où vivait une communauté juive relativement importante, majoritaire dans beaucoup de petites villes. Les paysans, réduits à un état de servage assez proche de l'esclavage, n'étaient guère en position d'emprunter, et les prêts à la noblesse n'intéressaient qu'une infime minorité de juifs très riches. Si bien que beaucoup de juifs faisaient des affaires entre eux.

C'est dans ces circonstances que fut conçu un arrangement (appelé heter 'isqa — "dispense pour affaires") autorisant entre juifs un prêt à intérêt ne violant pas la lettre de la loi, car, formellement, il ne s'agit pas du tout d'un prêt. Le prêteur "place" (on dit aujourd'hui "investit") son argent dans l'affaire de l'emprunteur, et ce à deux conditions. Primo, que l'emprunteur, à une date convenue, versera au prêteur une somme convenue, définie comme "la part de profit" revenant au prêteur (en fait, il s'agit justement de l'intérêt sur le prêt). Secundo, que l'emprunteur sera censé avoir réalisé un profit suffisant pour verser au prêteur la "part" qui lui revient, sauf déclaration contraire corroborée par le témoignage du rabbin de la ville, ou d'un juge rabbinique de la ville, etc. — lequel, en vertu de l'accord, refuse de témoigner dans ce genre de cas. Pratiquement, la seule chose requise est de se procurer un exemplaire de cette dispense, rédigée en araméen et donc presque toujours incompréhensible pour les intéressés, et de l'afficher sur un mur de la pièce dans laquelle se fait la transaction (ce texte se trouve en évidence dans toutes les filiales des banques israéliennes), ou même de le ranger dans un tiroir — ainsi, le prêt à intérêt entre juif devient parfaitement légal et irrépréhensible.

2. L'année sabbatique

Selon la loi talmudique (qui reprend le Lévitique, 25), les terres possédées par les juifs en Palestine[48] doivent être laissées en jachère tous les sept ans : cette année-là (dite "sabbatique") tout travail agricole, y compris la récolte, est interdit sur ces terres. Des documents de toute sorte indiquent que cette loi fut observée rigoureusement pendant un millier d'années, du Ve siècle av. J.-C. jusqu'à la disparition de l'agriculture juive en Palestine. Par la suite, bien que n'ayant plus d'objet, cette loi fut gardée intacte en théorie. Mais dans les années 1880, avec l'établissement des premières colonies agricoles juives en Palestine, elle se mit à poser un problème concret. Les rabbins favorables aux colons fabriquèrent une "dispense", qui a été perfectionnée par leurs successeurs des partis sionistes religieux, et qui est devenue une pratique établie de l'État d'Israël.

Voici comment cela se passe. À la veille d'une année sabbatique, le ministre israélien des Affaires intérieures remet au Grand Rabbin un document qui l'institue propriétaire légal de toute la terre israélienne privée et publique. Muni de cet acte, le Grand Rabbin se rend chez un non-juif et lui vend toute la terre d'Israël (et, depuis 1967, des Territoires occupés) pour une somme nominale. Un document séparé stipule que l'"acheteur" "revendra" la terre après un an écoulé. Cette transaction se répète tous les sept ans, en général avec le même "acheteur".

---

[48] Pour être exact : dans de nombreuses parties de Palestine. Apparemment, les régions auxquelles la loi s'applique sont celles où la population juive était prédominante vers 150-200 ap. J.-C.

Les rabbins non sionistes ne reconnaissent pas la validité de cette dispense [49] : ils affirment non sans raison que, la loi religieuse interdisant de vendre les terres de Palestine aux gentils, toute cette transaction repose sur un péché et donc est nulle et non avenue. À quoi les rabbins sionistes répondent que la Loi interdit certes une vente réelle, mais pas une vente fictive !

3. La traite des vaches le jour du sabbat

Elle a été proscrite à une époque post-talmudique sous l'effet du processus, déjà noté, de renforcement des règles religieuses. Il était facile de respecter cet interdit dans la diaspora, où les juifs qui possédaient des vaches étaient en général assez riches pour avoir aussi des serviteurs non-juifs, à qui l'on pouvait confier (grâce aux subterfuges susdécrits) cette activité. Les premiers colons juifs de Palestine engageaient des arabes pour accomplir cette tâche ainsi que d'autres, mais quand les sionistes décrétèrent que seuls les juifs peuvent travailler sur les terres rédimées, il fallut bien inventer une dispense. (De fait, ce n'était pas un mince problème avant l'introduction de la traite mécanique à la fin des années 50.) Là encore, grave dissension entre rabbins sionistes et non sionistes.

Selon les premiers, la traite est permise pourvu que le lait soit coloré en bleu. Ce lait bleu sabbatique ne sert qu'à faire des fromages — le colorant s'en allant avec le petit-lait. Les rabbins non sionistes se sont montrés bien plus imaginatifs (j'ai personnellement assisté à leur solution de la question dans un kibboutz religieux en 1952) : ils ont déniché une antique clause

---

[49] En conséquence de quoi les juifs orthodoxes non sionistes d'Israël organisent, pendant les années sabbatiques, des points de vente de fruits et légumes produits par les arabes sur les terres arabes.

qui permet de soulager la vache le jour du sabbat, à la condition expresse que le lait se répande sur le sol. Mais voici la solution : le samedi matin, un pieux kibboutznik va à l'étable et dispose des seaux sous les vaches. (Rien, dans toute la littérature talmudique, n'interdit un tel travail.) Puis il va prier à la synagogue. Sur ces entrefaites, un de ses collègues arrive à l'étable avec l'"honnête intention" d'empêcher les vaches de souffrir en faisant couler leur lait par terre. Mais si le hasard fait qu'il y a juste là un seau, doit-il l'ôter ? Cela n'est prescrit nulle part. Il remplit donc sa mission charitable, ainsi que les seaux et se rend lui aussi à la synagogue. Enfin, un troisième pieux collègue passe par l'étable où il n'est pas peu étonné de découvrir des seaux pleins de lait. Il les met au frais et rejoint ses camarades à la synagogue. Tout est bien qui finit bien, et sans avoir à acheter du colorant bleu.

4. Le mélange des semences

Plusieurs dispenses ont été promulguées par les rabbins sionistes eu égard à l'interdiction de semer deux espèces de graine différentes dans le même champ (Lévitique, 19 :19).

L'agronomie a en effet démontré que dans certains cas (notamment la culture des fourrages) les semailles mixtes étaient les plus rentables. Les rabbins ont donc proposé cette dispense : quelqu'un ensemence le champ en longueur avec une espèce de graine, et peu après, un de ses camarades, "ignorant" ce qu'a fait le premier, sème en largeur une autre espèce. Les intéressés trouvant que cela faisait beaucoup de travail gaspillé, on en est arrivé à cette deuxième solution : quelqu'un fait un tas d'une espèce de graine dans un endroit public, recouvre le tout d'une toile ou d'une planche, et verse par-dessus l'autre espèce de semence. Sur quoi un autre arrive et s'exclame devant témoins : « J'ai besoin de ce sac (ou de cette planche) ». Il la prend, et les graines se mélangent "naturellement". Finalement un troisième homme arrive, avec mission de "ramasser ça" et d'aller le semer dans tel ou tel champ[50].

5. Pain au levain

(et autres produits de fermentation) : il ne faut en manger ni même en avoir chez soi pendant les sept, ou en dehors de Palestine, les huit jours de la Pâque. Le concept de substance "levée" n'a cessé lui-même de gonfler, et l'aversion, ne serait-ce que pour la vue d'un de ces aliments pendant le temps de fête, a pu frôler l'hystérie. L'interdit concerne désormais toutes les variétés de farine et même de grain non broyé. Dans la société talmudique il était tolérable puisqu'on cuisait le pain (levé ou pas) une fois la semaine ; les familles paysannes, avec le reste du blé de l'année précédente, faisaient du pain azyme pour cette fête, qui débouche sur la première moisson de printemps. Mais cette observance était très dure pour les familles de la diaspora européenne, toutes, ou presque, des classes intermédiaires, et surtout pour les commerçants en blé. Donc cette dispense : tous ces aliments sont vendus fictivement à un gentil, à la veille des fêtes, et rachetés automatiquement après. L'unique chose à faire est de les mettre sous clé pendant le temps pascal. En Israël, cette

---

[50] Pendant l'hiver 1945-1946, alors que je n'avais pas treize ans, j'ai pris part à cette cérémonie. L'homme chargé des travaux des champs, dans l'école agricole religieuse où j'étudiais, était très pieux ; il a pensé que le plus sûr était de faire accomplir l'acte décisif d'enlever la planche par un orphelin de moins de treize ans. (Avant cet âge, en effet, un garçon n'est pas coupable de ses péchés ; c'est son père, s'il en a un, qui est tenu pour responsable.) Tout me fut bien expliqué, surtout le devoir de dire « j'ai besoin de cette planche » — ce qui n'était pas du tout le cas bien sûr.

vente fictive a été rendue plus efficace. Les juifs religieux "vendent"

leurs aliments produits de fermentation à leur rabbin, lequel les "vend" aux grands rabbins ; ceux-ci les "vendent" à un gentil, et par une dispense spéciale, cette vente est censée comprendre aussi les aliments "levés" des juifs non pratiquants.

6. Le goy du sabbat

Ce sujet a donné lieu, peut-être, aux dispenses les plus élaborées. On a vu que le champ d'application de l'interdit sabbatique n'a cessé de s'étendre ; mais les activités qui doivent être accomplies ou dirigés pour répondre aux nécessités ou augmenter le confort continuent elles aussi de se multiplier — surtout dans les temps modernes certes, mais les effets de la révolution technique ont commencé depuis longtemps à se faire sentir. Le paysan ou l'artisan juif du deuxième siècle en Palestine, qui avait sa meule pour ses besoins domestiques, pouvait facilement respecter l'interdit de moudre le jour du sabbat. Il en allait tout autrement pour l'exploitant d'un moulin à vent ou à eau — l'un des principaux métiers exercés par les juifs en Europe orientale. Mais même un "problème" aussi simplement humain que l'envie de boire une tasse de thé bien chaud le samedi après-midi devient très très dur, lorsque l'on a, devant ses yeux, le samovar tentateur qui sert tous les autres jours de la semaine. Il ne s'agit que de deux exemples choisis dans la gamme interminable des "problèmes de l'observance du sabbat". L'on peut affirmer avec certitude que pour une communauté composée exclusivement de juifs orthodoxes, ils étaient tout à fait insolubles, au moins durant les huit ou dix derniers siècles, sans l'"aide" de non-juifs. Et ceci est encore plus vrai aujourd'hui dans l'"État juif", puisque de nombreux services publics, comme l'eau, le gaz et l'électricité, sont concernés par l'interdit. Le judaïsme classique ne pouvait subsister ne fût-ce qu'une semaine entière sans recourir à des non-juifs.

Mais sauf dispenses spéciales, un obstacle de taille empêche d'employer des non-juifs à ces tâches du samedi. Ce serait contrevenir aux règles du Talmud, en effet, que de demander à un gentil d'effectuer le jour du sabbat toute tâche interdite aux juifs eux-mêmes [51]. Je décrirai deux des nombreux types de dispenses utilisées dans ce genre de cas.

En premier lieu, la méthode "allusive" — dérivant de la logique casuistique selon laquelle une exigence normalement coupable cesse de l'être si elle est formulée de façon dissimulée. En principe, l'allusion doit être "obscure", mais elle peut être "claire" en cas de besoin ou de nécessité extrêmes.

Ainsi, dans un récent petit livre sur les observances religieuses, publié à l'intention des soldats israéliens, on apprend à ces derniers comment s'adresser aux travailleurs arabes employés par l'armée comme goy du sabbat. Dans des cas urgents, par exemple s'il fait très froid et qu'il faut faire un feu, ou s'il y a besoin de lumière pour un service religieux, le soldat juif pieux peut utiliser une allusion "claire" en disant à l'arabe : « Il fait froid (ou noir) ici ». En règle générale, cependant, on doit se contenter d'une allusion "obscure", comme : « Ce serait plus agréable s'il faisait plus chaud là-dedans » [52]. Cette méthode

---

[51] Par exemple, le Talmud défend à tout juif de profiter (le jour du sabbat) de la lumière d'une chandelle allumée par un gentil, à moins que celui-ci ne l'ait allumée pour son propre usage, avant l'entrée du juif dans la pièce.

[52] Un de mes oncles, à Varsovie avant 1939, recourait à une méthode plus subtile à l'égard de sa servante, non juive, appelée Marysia. En se réveillant de sa sieste du samedi, il disait d'abord d'une voix douce : « Que ce serait bien

"allusive" est d'autant plus répugnante et dégradante qu'elle s'applique normalement à des non-juifs qui, en raison de leur pauvreté ou de leur condition sociale inférieure, sont à la merci de leur employeur juif. Qu'il soit au service d'un particulier ou de l'armée israélienne, l'employé non juif doit apprendre à interpréter les "allusions obscures" comme des ordres, sous peine d'être renvoyé sans pitié.

La seconde méthode est utilisée lorsqu'il s'agit de faire accomplir le samedi un travail qui n'est ni une tâche occasionnelle ni un service personnel (auxquels on peut "faire allusion" si le besoin s'en fait sentir), mais une activité régulière ou de routine ne requérant pas d'instructions spéciales. En vertu de cette méthode — appelée "inclusion implicite" (havla'ah) du sabbat parmi les jours ouvrables — le gentil du samedi est engagé "pour toute la semaine (ou l'année)", sans la moindre mention du sabbat dans le contrat — alors qu'il s'agit en fait de tâches à exécuter uniquement ce jour-là. On utilisait cette méthode, jadis, pour charger un gentil d'éteindre les cierges de la synagogue après la prière de la veille du sabbat (afin qu'ils ne se consument pas inutilement). Comme exemples modernes en Israël, citons le contrôle de la distribution de l'eau ou la surveillance des réservoirs le samedi[53].

---

si », puis, se mettant à crier, « ... Marysia nous apportait une tasse de thé ! » Il passait pour un homme très pieux et craignant Dieu ; jamais il n'aurait bu une goutte de lait durant les six heures complètes qui suivaient le moment où il avait mangé de la viande. Dans sa cuisine il avait deux éviers, l'un pour laver les plats où l'on avait mangé de la viande, l'autre pour les plats ayant contenu des laitages.

[53] Le fait que certaines de ces tâches soient de très bonnes "planques", laissant à l'employé six jours de congé sur sept, a donné lieu parfois à de regrettables

Le même raisonnement est appliqué au cas de certains juifs, mais dans un autre but. Il est interdit aux juifs de recevoir toute forme de paiement pour un travail accompli le jour du sabbat, même si ce travail est lui-même permis. Ici, le principal exemple concerne les professions sacrées : le rabbin ou le docteur talmudiste qui prêche ou enseigne le jour du sabbat, le chantre qui ne chante que le jour du sabbat et des autres fêtes religieuses (pour lesquelles valent les mêmes interdits), le bedeau, et autres. Aux temps talmudiques, et pendant plusieurs siècles encore dans certains pays, ces fonctions n'étaient pas rétribuées. Mais quand elles devinrent des professions salariées, l'on recourut à la dispense de l'"inclusion implicite", et l'on se mit à engager ces personnes "pour le mois" ou "pour l'année". Le cas des rabbins et des lettrés talmudiques est particulièrement compliqué, du fait que le Talmud leur défend de recevoir toute espèce de paiement pour avoir prêché, enseigné, ou étudié des sujets talmudiques — et ce, même pendant la semaine[54]. À leur intention, une dispense supplémentaire stipule que leur salaire, en vérité, n'en est pas un : c'est une « compensation de l'oisiveté » (dmey batalah). Résultat de ces deux fictions : un paiement correspondant en réalité à un travail effectué principalement, sinon uniquement le jour du

---

méprises. Dans les années 60, la petite ville de Bney Braq (près de Tel-Aviv), peuplée presque exclusivement de juifs orthodoxes, a été secouée par un horrible scandale : le goy du sabbat, que la communauté employait depuis plus de vingt ans pour veiller à la distribution de l'eau tous les samedis, était mort, et l'on avait découvert qu'il n'était pas chrétien, mais juif ! Aussi, au moment d'engager son successeur, un Druze, la ville exigea, et obtint, de l'administration un document certifiant que le nouvel employé était un gentil, de pure ascendance non juive. Il paraît, et il est vraisemblable, que les recherches nécessaires furent confiées à la police secrète.

[54] En revanche, l'instruction religieuse élémentaire peut donner lieu à une rétribution. Cette activité a toujours été peu considérée et mal payée.

sabbat se métamorphose en un paiement pour être resté sans travail pendant la semaine.

Les aspects sociaux des dispenses

Ces pratiques, et beaucoup d'autres semblables comportent des aspects sociaux, dont deux méritent d'être signalés.

Tout d'abord, il saute aux yeux que ce système de dispenses, et le judaïsme classique lui-même pour autant qu'il se fonde sur elles, ont pour trait dominant la tromperie ; et il s'agit avant tout de tromper Dieu, si l'on peut désigner par ce mot l'être imaginaire si aisément dupé par les rabbins qui s'estiment plus astucieux que lui. On ne saurait concevoir plus grand contraste que le contraste entre le Dieu de la Bible (notamment celui des grands prophètes) et le Dieu du judaïsme classique. Ce dernier fait penser à l'ancien Jupiter des Romains, lui aussi constamment embobiné par ses adorateurs, ou aux dieux décrits dans Le Rameau d'or de Frazer.

Du point de vue éthique, le judaïsme classique représente un processus de dégénérescence, qui est encore en cours ; et cette réduction de la foi à une panoplie tribale de rituels creux et de superstitions magiques a d'importantes conséquences sociales et politiques. En effet, il convient de le rappeler, ce sont précisément les superstitions du judaïsme classique qui ont la plus grande prise sur les masses juives, bien plus que les passages de la Bible ou même du Talmud possédant une réelle valeur religieuse et morale. (La même observation peut s'appliquer aux autres religions qui "se réveillent" aujourd'hui.) Quelle est la cérémonie communément regardée comme la plus "sainte" et la plus solennelle de l'année liturgique juive — au point d'attirer de très nombreux juifs éloignés de la religion le reste du temps ? C'est la prière du Kol Nidreï, la veille de Yom Kippur, où l'on ânonne une dispense particulièrement absurde et fallacieuse, qui déclare par avance nuls et non avenus tous les vœux adressés à Dieu en privé au cours de l'année suivante[55]. Ou encore, dans le domaine de la religion personnelle, la prière du Kadisch récitée aux jours de deuil par les fils à l'intention de leurs parents, pour faire monter leurs âmes vers le paradis : il s'agit d'un texte araméen, incompréhensible pour la plupart des récitants.

Le respect communément accordé à ces aspects les plus superstitieux de la religion juive ne s'étend pas, bien évidemment, à ce qu'elle a de meilleur.

En revanche, la tromperie à l'égard de Dieu va de pair avec la tromperie envers d'autres juifs, principalement dans l'intérêt de la classe juive dominante. Il est symptomatique qu'aucune dispense n'ait été énoncée dans l'intérêt spécifique des juifs pauvres. Par exemple, quand des juifs crevaient de faim mais que leur vie n'était pas vraiment en danger, jamais leurs rabbins (qui eux mêmes ont rarement connu ce genre de restriction) ne les ont autorisés à manger la moindre espèce de nourriture prohibée, alors que les aliments casher sont en général plus coûteux.

Nous en arrivons ainsi à la seconde caractéristique fondamentale des dispenses : le fait que beaucoup d'entre elles sont manifestement inspirées par l'esprit de profit. C'est cet esprit, allié à l'hypocrisie, qui a de plus en plus dominé le judaïsme classique. En Israël, où le processus continue, l'opinion a une vague conscience de ces deux aspects, en dépit du bourrage de crâne qu'exercent sur elle l'enseignement et les médiats. Les hiérarchies religieuses (rabbins et partis religieux) et dans une

---

[55] Autre rituel "très important" : souffler dans une corne de bélier, le jour de Rosh Hashanah, pour déconcerter Satan.

certaine mesure, par association, la communauté orthodoxe en général, sont plutôt impopulaires en Israël. L'une des raisons en est, précisément, leur réputation de duplicité et de vénalité. Certes, l'opinion populaire (qui est souvent victime de préjugés) ne remplace pas une analyse sociale ; mais dans ce cas particulier, la vérité oblige effectivement à dire que les milieux religieux dirigeants ont une forte tendance à la chicanerie et à la corruption, tout à fait dans la ligne du judaïsme orthodoxe. La religion n'étant qu'un des aspects influençant la vie sociale en général, ses effets sont bien moindres sur la masse des croyants que sur les rabbins et les chefs des partis religieux. Si la plupart des juifs religieux d'Israël sont, indéniablement, des personnes honnêtes, ce n'est pas grâce à l'influence de leur religion et de leurs rabbins, mais malgré cette influence. Inversement, les quelques domaines de la vie publique israélienne entièrement dominés par les sphères religieuses connaissent un niveau de chicanerie, de vénalité et de corruption notoire qui dépasse de loin le "seuil" toléré par la société israélienne en général.

Au chapitre 4 nous verrons les rapports qui relient l'esprit de profit, en tant que trait dominant du judaïsme classique, à la société juive de l'époque et à son articulation avec les sociétés au milieu desquelles elle vivait. Ici, je tiens à faire observer que l'esprit de profit n'est pas caractéristique du judaïsme à toutes ses époques. Ce fait, seule la confusion platonicienne l'a obscurci, avec sa recherche de l'"essence" métaphysique atemporelle du judaïsme et son ignorance des modifications de la société juive au cours des siècles. (Confusion que le sionisme a grandement favorisée, en invoquant des "droits historiques" tirés sur la Bible au mépris de l'histoire.) Ainsi, les apologistes du judaïsme sont parfaitement fondés à relever que la Bible est hostile à l'esprit de profit et le Talmud indifférent sur le sujet. Mais les conditions sociales de l'écriture de ces œuvres étaient complètement différentes de ce qui a suivi. Comme on l'a vu, le Talmud fut composé dans deux régions bien définies, à une époque où les juifs qui y vivaient formaient une société fondamentalement agricole, constituée avant tout de paysans — et donc très différente de la société du judaïsme classique.

Dans le chapitre 5, nous examinerons en détail les formes de l'hostilité du judaïsme classique envers les non-juifs, et de la tromperie pratiquée à leur encontre. Plus importante, cependant, comme trait fondamental d'une société, est la tromperie pratiquée dans un esprit de lucre par les juifs riches aux dépens des juifs pauvres (comme l'a permis la dispense relative aux prêts à intérêt). À ce propos je dois dire, en dépit de mon opposition au marxisme aussi bien comme philosophie que comme théorie sociale, que Marx a eu parfaitement raison, dans ses deux articles sur la "question juive", de désigner la recherche du profit comme la caractéristique dominante du judaïsme — pourvu que cette définition se limite au judaïsme tel qu'il le connaissait, c'est-à-dire au judaïsme classique qui, dès l'époque de la jeunesse de Marx, était entré dans sa phase de décomposition.

Certes, il émit ce jugement de façon arbitraire, ahistorique, et sans preuves. Il est clair qu'il arriva à cette conclusion par intuition ; mais son intuition, dans ce cas — et avec les limites historiques qui s'imposent — était juste.

CHAPITRE IV

Le poids de l'histoire

On a écrit des tas d'absurdités dans la tentative de donner une interprétation sociale ou mystique du monde juif ou du judaïsme "dans son ensemble". Tâche irréalisable, puisque la structure sociale du peuple juif et la structure idéologique du judaïsme ont profondément changé à travers les âges. Nous pouvons distinguer quatre grandes phases :
1. L'époque des anciens royaumes d'Israël et de Juda jusqu'à la destruction du premier Temple (587 av. J.-C.) et l'exil à Babylone. (Une partie importante de l'Ancien Testament concerne cette période, bien que la plupart des grands livres bibliques, y compris le Pentateuque tel que nous le connaissons, aient été composés, en fait, après cette date.) Socialement, ces anciens royaumes juifs ne différaient guère des royaumes voisins de Palestine et de Syrie ; et comme le révèle une lecture attentive des Prophètes, cette ressemblance s'étendaient aux cultes religieux pratiqués par la grande majorité de la population[56]. Les idées qui allaient devenir typiques du judaïsme ultérieur — en particulier le ségrégationnisme ethnique et l'exclusivisme monothéiste — n'étaient agitées que dans des cercles restreints

---

[56] Voir par exemple Jérémie, 44, en particulier les versets 15-19. Pour une étude excellente de certains aspects de ce sujet, cf. Raphael Patai, The Hebrew Goddess, Ktav, USA, 1967.

de prêtres et de prophètes, dont l'influence sur la société dépendait de l'appui du roi.

2. La phase des deux centres, Palestine et Mésopotamie, depuis le premier "Retour de Babylone" (537 av. J.-C.) jusqu'à environ 500 apr. J.-C. Elle se caractérise par l'existence de ces deux sociétés juives autonomes, toutes deux fondamentalement agricoles, auxquelles la "religion juive", telle qu'élaborée précédemment dans le petit monde des prêtres et des scribes, fut imposée par la force et l'autorité de l'empire perse. Le Livre d'Esdras présente un récit des activités d'Esdras, le « prêtre-scribe versé dans la loi de Moïse », que le roi de Perse Artaxerxes Ier chargea d'établir « des magistrats et des juges » sur les juifs de Palestine, en lui disant : « quiconque n'observera pas la loi de ton Dieu, qui est la loi du roi — qu'une justice rigoureuse lui soit appliquée : mort, bannissement, confiscation des biens, ou emprisonnement[57] ». Et le Livre de Néhémie — échanson du roi Artaxerxes, qui le nomma gouverneur de Judée avec des pouvoirs encore plus étendus — montre dans quelle mesure une contrainte étrangère (on dirait aujourd'hui "impérialiste") contribua à imposer la religion juive, avec des résultats durables.

Dans les deux centres, l'autonomie juive se maintint pendant presque toute cette période, et les déviations de l'orthodoxie furent réprimées. Mais il y eut des ombres à ce tableau, quand l'aristocratie religieuse elle-même fut "infectée" d'idées hellénistiques (de 300 à 166 av. J.-C., puis de nouveau, sous Hérode le Grand et ses successeurs, de 50 av. J.-C. à 70 apr.

---

[57] Esdras, 7 :25-26. Les deux derniers chapitres de ce livre sont consacrés à ce que fit Esdras pour séparer les juifs "purs" (« la race sainte ») des « gens du pays » (9 :2) (qui étaient eux-mêmes, au moins en partie, d'ascendance juive) et pour rompre les mariages mixtes.

J.-C.), ou quand des faits nouveaux provoquèrent en elle des scissions (comme la division, vers 140 av. J.-C., entre les deux grands partis des pharisiens et des saducéens). Mais dès qu'un parti avait triomphé, il utilisait toute la machinerie coercitive de l'autonomie juive (ou, pendant une brève période, de l'indépendance) pour imposer ses propres conceptions religieuses à tous les juifs des deux centres.

Pendant presque toute cette période, surtout après l'écroulement de l'empire perse et jusque vers 200 apr. J.-C., les juifs vivant à l'extérieur des deux centres ignorèrent les contraintes religieuses judaïques. L'un des papyrus retrouvés à Éléphantine, en Haute-Égypte, est une lettre, datant de 419 av. J.-C., où est reproduit un édit de Darius II qui donne aux juifs d'Égypte des instructions détaillées sur l'observance de la Pâque[58]. Mais les royaumes hellénistiques, la république romaine et l'empire romain des premiers temps ne se souciaient pas de ce genre de choses. La liberté dont jouirent les juifs hellénistiques en dehors de la Palestine leur permit de créer une littérature juive écrite en grec, qui, par la suite, a été rejetée in toto par le judaïsme ; mais une partie en a été conservée par les scribes chrétiens[59]. Le christianisme lui-même s'est répandu grâce à la liberté relative des communautés juives extérieures aux deux centres. Les expériences vécues par l'apôtre Paul sont

---

[58] W.F. Albright, *Recent Discoveries in Bible Lands*, Funk & Wagnall, New York, 1955, p. 103.

[59] Fait significatif, le rejet de cette littérature s'appliqua aussi à tous les livres historiques écrits par des juifs après l'an 400 environ av. J.-C. Jusqu'au XIXe siècle, les juifs ignoraient l'histoire de Massadah et de personnages comme Judas Maccabée qui aux yeux de beaucoup de gens aujourd'hui (notamment de chrétiens) représentent l'"essence même" du judaïsme.

significatives : à Corinthe, où la communauté juive de la ville l'accusait d'hérésie, le gouverneur romain Gallion classa aussitôt l'affaire, refusant d' « être juge en ces matières[60] » ; mais en Judée, le gouverneur Festus se sentit obligé de connaître d'une dispute purement religieuse entre juifs[61].

Cette tolérance prit fin vers l'an 200 lorsque la religion juive, telle qu'elle avait évolué et été élaborée entre-temps en Palestine, fut imposée à tous les juifs de l'empire par les autorités romaines[62].

3. La phase que nous avons définie comme le judaïsme classique et dont nous reparlerons plus bas[63].

4. La phase moderne, marquée par la dissolution de la communauté juive totalitaire et de son pouvoir, et par des tentatives (dont la plus importante est le sionisme) de l'imposer à nouveau. Elle commence aux Pays-Bas au XVIIe siècle, en France et dans l'empire d'Autriche (Hongrie exceptée) à la fin du XVIIIe siècle, dans la plupart des autres pays européens au milieu du XIXe siècle, et dans certains pays musulmans au XXe siècle. (En 1948, les juifs du Yémen vivaient encore dans la

---

[60] *Actes des Apôtres*, 18 :15.

[61] Ibidem, 25.

[62] Voir note 10, chapitre 2, page 46.

[63] Sur l'expression "judaïsme classique", voir note 14, chapitre 2, page 51, et note 28, chapitre 3, page 73.

phase médiévale "classique".) Nous reviendrons sur ces développements différents.

Entre la deuxième et la troisième phase (celle du judaïsme classique), il y a un "trou" de plusieurs siècles : on ne sait presque rien de ce que devinrent les juifs et la société juive pendant cet intervalle, et les quelques informations dont on dispose proviennent uniquement de sources externes (non juives). Dans les pays de chrétienté latine, nous n'avons pas le moindre document écrit juif jusqu'au milieu du Xe siècle ; les sources d'information internes (juives), notamment la littérature religieuse, se font moins rares au XIe siècle et ne redeviennent abondantes qu'au XIIe. Mais avant ce lent renouveau, nous ne pouvons nous fonder que sur des documents romains (païens) puis chrétiens. Dans le monde musulman, ce vide d'information dure moins longtemps ; malgré tout, l'on ne sait presque rien de la société juive avant l'an 800, ni des modifications qu'elle a nécessairement subies au cours des trois siècles précédents.

Traits fondamentaux du judaïsme classique

Laissons donc de côté ces "temps des ténèbres" et, par souci de commodité, commençons par les deux siècles, de 1000 à 1200, sur lesquels nous possédons de nouveau des informations abondantes — de sources aussi bien internes qu'externes — sur tous les centres juifs importants d'Orient et d'Occident. Le judaïsme classique, qui se dessine clairement durant cette période, a subi très peu de changements depuis lors et demeure aujourd'hui (sous les aspects du judaïsme orthodoxe) une force puissante.

Comment caractériser le judaïsme classique et quelles sont les différences sociales qui le distinguent des phases précédentes du judaïsme ? À mon avis, il existe sur ce plan trois traits distinctifs fondamentaux.

La société juive classique ne comporte pas de paysans et en cela elle diffère profondément des société juives précédentes des deux centres, Palestine et Mésopotamie. Pour nous, à l'époque actuelle, il est difficile de comprendre ce qu'un tel fait signifie. Nous devons faire un effort pour nous représenter ce qu'était le servage : l'énorme différence au niveau de l'instruction élémentaire, pour ne pas parler de la culture, entre ville et campagne durant toute cette période ; la liberté incomparablement plus grande dont jouissait toute la petite minorité non-paysanne. Mais si l'on fait cet effort, on s'apercevra que durant toute la période "classique", les juifs, en dépit de toutes les persécutions subies, firent partie intégrante des classes privilégiés. L'historiographie juive, surtout en anglais, est trompeuse sur ce point, car elle tend à s'attacher exclusivement à la pauvreté des juifs et à la discrimination antijuive. Ces deux phénomènes ont été des plus réels par moments ; mais le plus pauvre des artisans, colporteurs, intendants ou commis de bureau juifs vivait incomparablement mieux qu'un serf. Surtout dans les pays d'Europe où le servage a persisté, sous forme partielle ou extrême, jusqu'au XIXe siècle : Prusse, Autriche (Hongrie comprise), Pologne et territoires polonais annexés par la Russie.

C'est un fait, dont l'importance ne saurait être négligée, qu'avant le début de la grande migration juive des temps modernes (vers 1880), la plupart des juifs du monde vivaient dans ces régions, et que leur fonction sociale la plus importante y était de contribuer au maintien des paysans dans l'oppression, pour le compte de la noblesse et de la Couronne.

Partout le judaïsme classique a conçu, pour l'agriculture comme métier et pour les paysans en tant que classe, une haine et un mépris bien plus fort qu'à l'égard des autres gentils — une haine dont je ne connais aucun équivalent dans d'autres sociétés. Cette attitude saute aux yeux de quiconque possède une certaine connaissance de la littérature yiddish ou hébraïque des XIX et XXe siècles[64].

La plupart des socialistes juifs d'Europe orientale (c'est-à-dire les membres de partis ou fractions exclusivement, ou majoritairement juifs) sont coupables de n'avoir jamais dénoncé ce fait ; beaucoup d'entre eux, d'ailleurs, étaient eux-mêmes infectés par une attitude férocement antipaysanne, héritée du judaïsme classique. À cet égard, les "socialistes"

sionistes étaient assurément les pires, mais d'autres, comme le Bund, n'étaient guère meilleurs. Un exemple typique est fourni par leur opposition à la création de coopératives paysannes, encouragée par le clergé catholique, sous prétexte qu'une telle initiative était « un acte d'antisémitisme ». Cette attitude n'a pas du tout disparu, comme le montrent très clairement les opinions racistes défendues par de nombreux "dissidents" juifs d'URSS à propos du peuple russe — ou encore le fait que tant de socialistes juifs, comme Isaac Deutscher, négligent d'examiner cet aspect de leur héritage. Toute la propagande raciste sur le thème de la prétendue supériorité morale et intellectuelle des juifs (dans laquelle de nombreux socialistes juifs se sont particulièrement distingués) va de pair avec une profonde indifférence pour les

---

[64] Les prix Nobel Bashevis Singer et Agnon en sont des exemples, mais l'on pourrait en citer beaucoup d'autres, notamment celui de Bialik, le poète hébraïque national. Dans son célèbre poème Mon Père, il décrit son saint géniteur vendant de la vodka à des paysans qui sont dépeints comme des animaux. Ce poème très populaire, enseigné dans toutes les écoles israéliennes, est un des moyens de véhiculer et de reproduire cette attitude antipaysanne.

souffrances de cette très grande part de l'humanité qui a été particulièrement opprimée depuis ces mille dernières années : les paysans.

La société juive classique dépendait étroitement des rois ou des nobles nantis de pouvoirs royaux.

Dans le chapitre suivant nous verrons diverses lois juives dirigées contre les gentils, notamment des lois qui ordonnent aux juifs d'injurier les gentils et de s'interdire tout éloge de ceux-ci ou de leurs coutumes. Ces lois ne souffrent qu'une seule exception : lorsque le gentil est un roi ou un personnage puissant sur la place (un "magnat", en hébreu paritz, en yiddish pooretz). Dans ce cas, on chante ses louanges, on prie pour lui, et on lui obéit non seulement dans la plupart des affaires civiles, mais aussi sur certaines questions religieuses. Comme nous le verrons, les médecins juifs, à qui il est interdit de sauver la vie d'un gentil le jour du sabbat, ont, au contraire, l'ordre de faire tout leur possible pour soigner les rois et les puissants ; cela explique, entre autres raisons, que rois et nobles, papes et évêques aient souvent pris à leur service des médecins juifs. Et non seulement des médecins. Mais aussi des collecteurs d'impôts et d'autres droits, ou (en Europe orientale) des régisseurs de domaines : s'ils étaient juifs, on savait qu'ils feraient tout leur possible pour le roi ou le baron ; on ne pouvait pas toujours en attendre autant de chrétiens employés à ces tâches.

Le statut juridique d'une communauté juive dans la période du judaïsme classique reposait normalement sur un "privilège" — charte octroyée par un roi ou un prince (ou dans la Pologne d'après le XVIe siècle, par un noble puissant, un "magnat") et garantissant à cette communauté les droits d'autonomie, c'est-à-dire conférant aux rabbins le pouvoir de régenter les autres juifs. Un aspect capital de ces privilèges, remontant à l'empire romain, est la création d'un état clérical juif qui, comme le clergé chrétien des temps médiévaux, est exempté du paiement de l'impôt au souverain, tout en étant autorisé à imposer pour son propre compte les personnes placées sous son autorité, autrement dit la masse des juifs. À noter que cet accord entre l'empire romain et les rabbins fut conclu au moins un siècle avant l'octroi, par Constantin et ses successeurs, de privilèges analogues au clergé chrétien.

De 200 apr. J.-C. environ jusqu'au début du Ve siècle, la situation juridique des juifs dans l'ensemble de l'empire fut la suivante. Les Romains reconnurent un patriarche juif héréditaire siégeant à Tibériade ; ils en firent un haut dignitaire de leur propre hiérarchie et le considéraient comme le chef suprême de tous les juifs de l'empire[65]. En tant que magistrat romain, ce patriarche était un vir illustris, du même rang que les consuls (hauts commandants militaires de l'empire) et que les membres du conseil de l'empereur ; il n'avait au-dessus de lui que la famille impériale. Le fait est que l'"Illustre Patriarche" (titre qui revient invariablement dans les décrets impériaux) avait le pas sur le gouverneur romain de Palestine. L'empereur Théodose Ier le Grand, fervent chrétien, fit exécuter le gouverneur de cette province parce qu'il avait insulté le patriarche.

Par les mêmes accords, tous les rabbins — qui désormais devaient être nommés par le patriarche — furent exonérés des impôts impériaux les plus lourds et reçurent de nombreux privilèges officiels, comme celui de ne pas être obligés de servir

---

[65] Une série de lois, promulguées par Théodose II (en 429 notamment), mit fin à cet accord, pour ce qui concernait le pouvoir central du patriarcat juif ; mais de nombreux arrangements de caractère local restèrent en vigueur.

dans les conseils municipaux (ce qui fut aussi l'un des premiers privilèges accordés par la suite aux prêtres chrétiens). De plus, le patriarche reçut le pouvoir d'imposer les juifs et de leur infliger des amendes, la peine du fouet et d'autres formes de châtiment. Ce pouvoir, les patriarches l'utilisèrent pour réprimer les hérésies juives et (comme nous le savons par le Talmud) pour persécuter les prédicateurs juifs qui les accusaient de pressurer le menu peuple pour leur propre avantage.

Toujours selon des sources juives, les rabbins exonérés recouraient à l'excommunication (exclusion de la communauté) et à d'autres moyens à leur disposition pour accroître l'hégémonie religieuse du patriarche.

D'autres documents (en général non juifs) décrivent la haine et le mépris exprimés par le bas peuple juif de Palestine (paysans et pauvres des villes) à l'égard de ces rabbins, mépris que ces derniers leur rendaient cordialement, en les taxant d'"ignorants". Cela n'empêcha pas cet état de choses typiquement colonial de se maintenir, puisqu'il était garanti par la puissance de l'empire romain.

Des arrangements analogues existèrent, dans les pays de la diaspora, durant toute la période du judaïsme classique. Mais avec des effets sociaux différents, selon la taille des diverses communautés juives. Dans les pays où les juifs étaient peu nombreux, la différenciation sociale restait peu sensible au sein de la communauté, qui comprenait principalement des riches et des membres des classes moyennes, pour la plupart très imprégnés de culture rabbinique-talmudique. Mais dans les pays où la population juive s'accrut et se mit à compter une forte proportion de pauvres, le clivage décrit plus haut réapparut ; et de nouveau l'on vit les rabbins, alliés aux juifs riches, opprimer le menu peuple dans leur propre intérêt et dans celui de l'État — c'est-à-dire de la Couronne et de la noblesse.

C'était le cas, notamment, dans la Pologne d'avant 1795. La situation spécifique des juifs polonais sera décrite plus bas dans les grandes lignes.

Ce qu'il importe de signaler ici, c'est que la formation d'une vaste communauté juive dans ce pays donna lieu, à partir du XVIIIe siècle et jusqu'à la fin du XIXe, à une profonde division entre la classe supérieure des rabbins et des riches et les masses juives polonaises. Tant que la "communauté" juive eut le pouvoir sur ses membres, les révoltes des déshérités, qui avaient à supporter le plus gros des impôts, furent étouffées dans l'œuf par l'effet combiné de la force brute (des organes de l'"autonomie" juive) et de la sanction religieuse.

Pour toutes ces raisons, les rabbins furent, durant toute la période "classique" (comme à l'époque moderne), les soutiens les plus loyaux, pour ne pas dire les plus zélés, des pouvoirs ; et plus un régime était réactionnaire, plus il comptait de suppôts parmi eux.

La société du judaïsme classique est en opposition totale avec la société non juive environnante, exception faite du roi (ou des nobles s'ils prennent la direction de l'État). Ce point est amplement illustré au chapitre 5.

Prises ensemble, ces trois caractéristiques sociales fondamentales et leurs conséquences permettent déjà d'expliquer une bonne part de l'histoire des communautés juives "classiques", aussi bien dans le monde chrétien que musulman.

La position des juifs est particulièrement favorable dans les pays dominés par des régimes forts, ayant conservé un caractère féodal, et où une conscience nationale, ne serait-ce qu'élémentaire, n'a pas encore commencé à se développer. Elle est encore plus favorable dans des pays comme la Pologne d'avant 1795 ou les royaumes ibériques d'avant la moitié du XVe siècle, où la formation d'une monarchie féodale puissante, à base nationale, a été momentanément ou définitivement enrayée. En fait, le judaïsme classique fleurit le mieux sous les régimes forts qui sont coupés de presque toutes les classes de la société ; dans ces régimes les juifs remplissent certaines fonctions d'une classe moyenne — mais avec un statut de perpétuelle dépendance. Pour cette raison, ils se heurtent à l'opposition non seulement de la paysannerie (opposition négligeable, sauf lors des rares révoltes populaires), mais surtout de la bourgeoisie non juive (qui était alors la classe montante en Europe) et du bas clergé ; et ils sont protégés par le haut clergé et la noblesse. Par contre, dans les pays où, l'anarchie féodale ayant été brisée, la noblesse s'associe au roi (et à une partie au moins de la bourgeoisie) pour gouverner l'État, qui se donne une forme nationale ou proto-nationale, la position des juifs périclite.

Ce schéma général, valable pour les pays musulmans aussi bien que chrétiens, sera maintenant illustré brièvement par quelques exemples.

Angleterre, France, Italie

La première période d'établissement des juifs en Angleterre ayant duré très peu, et ayant coïncidé avec la formation de la monarchie féodale nationale anglaise, ce pays offre peut-être la meilleure illustration du schéma signalé ci-dessus. Les juifs furent amenés outre-Manche par Guillaume le Conquérant, en tant que membres de la classe dirigeante normande francophone, spécialement chargés d'accorder des prêts aux seigneurs anglais, spirituels et temporels, qui auraient été sinon incapables d'acquitter leurs redevances au roi (Guillaume accablant le pays d'impôts et les extorquant avec une rigueur alors inconnue dans les autres monarchies européennes). Leur plus grand protecteur royal fut Henri II. La Grande Charte marqua le début de leur déclin qui s'accentua lors de la révolte des barons contre Henri III. La solution provisoire de ce conflit par Édouard Ier, avec l'institution de la Chambre des communes et d'un système d'imposition "ordinaire" et fixe, eut pour corollaire l'expulsion des juifs.

Pareillement, en France, les juifs prospérèrent pendant la formation, aux XIe et XIIe siècles, des puissantes principautés féodales, dont le domaine royal ; et leur meilleur protecteur, dans la lignée des Capétiens, fut Louis VII le Jeune (1137-1180), roi sincèrement chrétien. À cette époque les juifs de France sont des chevaliers (en hébreu parashim), et leur plus haute autorité dans ce pays, Rabbenu Tam, les rappelle à la valeur de ce titre : si un seigneur leur propose de venir s'établir sur son fief, ils doivent bien veiller à ce qu'on leur accorde les mêmes privilèges qu'aux chevaliers français. Le déclin s'amorce avec Philippe-Auguste, premier artisan de l'alliance politique et militaire de la couronne avec la force montante des communes ; se précipite sous Philippe le Bel, qui convoque les premiers états généraux [en 1302] pour s'assurer des appuis contre le pape ; et aboutit finalement à l'expulsion des juifs de toute la France — mesure liée directement à l'affermissement du régime fiscal et à l'affirmation du caractère national de la monarchie.

On peut dire la même chose des autres pays d'Europe où vivaient des juifs à l'époque. Je reviendrai sur le cas de l'Espagne chrétienne et de la Pologne. En Italie, où beaucoup de villes étaient des républiques, on observe régulièrement la même évolution. Les juifs prospérèrent surtout dans les États du pape et dans les royaumes jumeaux de Sicile et de Naples (jusqu'à leur expulsion, sur ordre de l'Espagne, vers 1500), ainsi que dans les enclaves féodales du Piémont. Mais dans les grandes cités commerciales et indépendantes, comme Florence, ils étaient peu nombreux et leur rôle social était négligeable.

Le monde musulman

Le même schéma général s'applique aussi aux communautés juives qui vivaient à l'époque classique dans les pays musulmans, à cette importante exception près que l'expulsion des juifs, mesure contraire à la loi islamique, y était un phénomène pratiquement inconnu. (Une telle mesure n'est ni ordonnée ni interdite par le droit canon catholique du moyen âge.) Dans les pays musulmans, les communautés juives connurent un Siècle d'Or célèbre (mais qui apparaît moins reluisant si l'on songe à ses implications sociales) sous des régimes profondément coupés de la grande majorité des peuples dominés et n'imposant leur pouvoir que par la force brute et une armée de mercenaires. Le meilleur exemple en est l'Espagne musulmane, où le véritable Age d'Or juif (floraison de la poésie, de la grammaire, de la philosophie, etc. hébraïques) commença précisément avec l'effondrement du califat omeyyade d'Espagne, consécutif à la mort du souverain effectif, le ministre Al Mansour en 1002, et avec l'établissement des nombreux royaumes de ta'ifa ("faction"), tous fondés sur la violence. L'ascension du fameux commandant en chef et premier ministre juif du royaume de Grenade, Samuel le Chef (Shmu'el Hannagid, mort en 1052), qui fut aussi un des plus grands poètes juifs de tous les temps, reposa principalement sur le fait que le royaume qu'il servait n'était qu'une tyrannie exercée par une armée berbère relativement petite sur la population arabophone. Une situation semblable se réalisa dans les autres royaumes hispano-arabes de ta'ifa. Mais la position des juifs déclina nettement avec l'établissement des Almoravides (1086-1090) et devint très précaire sous le régime fort et populaire des Almohades (après 1147) ; en butte aux persécutions, les juifs émigrèrent alors vers les royaumes chrétiens d'Espagne, où le pouvoir des rois était encore très faible.

On peut faire des observations analogues en ce qui concerne les États de l'Orient musulman. Le premier État dans lequel la communauté juive acquit une position politique importante fut l'empire des Fatimides, surtout après qu'il eut conquis l'Égypte en 969 — et cela, parce qu'il se fondait sur la domination d'une minorité religieuse (les shi'ites isma'iliens). Le même phénomène se reproduisit dans les empires saljukides [translittération traditionnelle, seldjoucides] — s'appuyant sur des armées de type féodal, des mercenaires, et, de plus en plus, le temps passant, sur des milices d'esclaves (mamelouks) — et dans les États qui leur succédèrent. Les faveurs accordées par Saladin aux communautés juives — d'Égypte d'abord, puis de l'ensemble de son empire — ne furent pas seulement l'effet de ses réelles qualités personnelles de tolérance, charité et profonde sagesse politique : elles tenaient tout autant au fait qu'il s'était emparé du pouvoir par rébellion et usurpation, s'étant servi des mercenaires fraîchement arrivés en Égypte, dont il avait le commandement, pour renverser la dynastie qu'il était censé servir comme l'avaient fait son père et son oncle.

Mais le meilleur exemple fourni par le monde musulman est peut-être l'Empire ottoman où, surtout durant ses beaux jours, au XVIe siècle, les juifs jouirent d'une position sans pareille en Orient depuis la chute de l'ancien empire perse[66]. Comme on sait,

---

[66] Autre exemple caractéristique, peut-être : l'empire parthe (jusqu'en 225 apr. J.-C.), mais on n'en sait pas assez à son sujet — sinon que l'établissement de

le régime ottoman se fonda à ses débuts sur l'exclusion presque totale des Turcs eux-mêmes (pour ne pas parler des autres musulmans de naissance) des grandes fonctions politiques et du "noyau dur" de l'armée, les janissaires — ces deux corps de l'État étant composés d'esclaves nés chrétiens appartenant au sultan, enlevés dans leur prime enfance et élevés dans des écoles spéciales.

Jusqu'à la fin du XVIe siècle, aucun Turc né libre ne pouvait devenir janissaire ou obtenir un poste important dans l'administration. Dans un tel régime, le rôle des juifs dans leur propre sphère était l'équivalent de celui des janissaires dans la leur. Ainsi, plus un régime se dissociait politiquement de ses propres peuples, et meilleure était la position des juifs. Celle-ci déclina lorsque les Turcs eux-mêmes (ainsi que certains autres peuples musulmans comme les Albanais) furent admis dans la classe dominante.

Mais ce déclin n'eut rien de vertigineux, puisque l'empire ottoman continua comme auparavant d'être un régime arbitraire et non national.

Ce point est très important, à mon avis, car la situation relativement bonne qu'ont connue les juifs en Islam en général, et sous certains régimes musulmans en particulier, est utilisée comme argument par de nombreux propagandistes palestiniens et d'autres pays arabes — ce qui dénote peut-être de bonnes intentions mais aussi une profonde ignorance. En premier lieu, ils généralisent et réduisent des questions sérieuses, politiques et

---

l'empire national perse des Sassanides s'accompagna d'un déclin immédiat de la position des Juifs.

historiques, à de simples slogans. Admettons que la position des juifs ait été, en moyenne, bien meilleure chez les musulmans que chez les chrétiens : le principal n'en reste pas moins de voir sous quels régimes elle s'améliora ou empira. Nous avons vu où mène la réponse à cette question.

Mais, deuxième point, plus important, dans un État prémoderne, une "meilleure" position de la communauté juive entraînait régulièrement un renforcement de la tyrannie exercée, au sein de cette communauté, par les rabbins contre les autres juifs. Pour donner un exemple : assurément, Saladin est une personnalité qui, compte tenu de l'époque, inspire un profond respect. Mais pour ma part, je n'oublie pas non plus qu'en accordant des privilèges renforcés aux communautés juives d'Égypte et en faisant de Maimonide leur "chef" (Nagid), il lâcha la bride aux rabbins qui en profitèrent aussitôt pour persécuter cruellement les "pécheurs" juifs. Ainsi, les "prêtres" juifs (c'est-à-dire les descendants présumés des anciens prêtres qui officiaient dans le Temple) ont interdiction d'épouser non seulement des prostituées[67], mais aussi des femmes divorcées. Or, durant la période "anarchique" des derniers souverains fatimides (environ 1130-1180), ce dernier interdit, qui d'ailleurs a toujours créé des problèmes, avait été transgressé par les soi-disant "prêtres" : nombre d'entre eux, en dépit de la loi religieuse juive, étaient mariés à des juives divorcées par jugement des tribunaux islamiques (lesquels sont formellement habilités à marier ou divorcer les non-musulmans). La plus grande "tolérance envers les juifs" instituée par Saladin après son arrivée

---

[67] De ce fait, il leur est aussi interdit d'épouser même une femme convertie au judaïsme, puisque la Halakhah pose comme principe que toute femme non juive est une prostituée.

au pouvoir, permit à Maimonide d'ordonner aux tribunaux rabbiniques d'Égypte d'arrêter tous les juifs ayant contracté ces mariages interdits et de les flageller, sauf s'ils "acceptaient" de divorcer d'avec leurs épouses[68]. Dans l'empire ottoman aussi, les pouvoirs des tribunaux rabbiniques étaient très étendus et, par voie de conséquence, très malfaisants. Bref, la position des juifs dans les pays musulmans d'autrefois ne doit donc être en aucun cas utilisée comme argument politique dans des contextes actuels (ou à venir).

L'Espagne chrétienne

J'ai laissé pour la fin le cas des deux pays où la position de la communauté juive et le développement interne du judaïsme classique ont été le plus importants : l'Espagne chrétienne[69] (ou plus exactement la péninsule ibérique, y compris le Portugal) et la Pologne d'avant 1795.

Avant le XIXe siècle, jamais et nulle part (si ce n'est dans certaines ta'ifa et sous les Fatimides) les juifs ne sont parvenus à une position politique plus élevée que dans les royaumes chrétiens d'Espagne. Pendant toute une époque, des juifs furent grands argentiers des rois de Castille, percepteurs des impôts provinciaux et généraux, diplomates (représentant le roi auprès

---

[68] Sauf exception, un mariage interdit n'est pas nul pour autant ! Pour qu'il soit aboli, le divorce est nécessaire. Le divorce est formellement un acte volitif de la part de l'époux, mais dans certaines circonstances, le tribunal rabbinique peut le contraindre à le "vouloir" (kofin oto 'ad sheyyomar rotzeh ani).

[69] L'Âge d'Or juif de l'Espagne musulmane (1002-1147) produisit certes les résultats les plus brillants, mais ils ne furent pas durables. Ainsi, les trésors de la poésie hébraïque de cette période ont ensuite été oubliés par les juifs, qui ne les ont redécouverts qu'au XIXe et au XXe siècles.

d'autres cours, aussi bien chrétiennes que musulmanes, même en dehors d'Espagne), courtisans et conseillers du souverain et des grands. Et dans aucun autre pays, sauf la Pologne, la communauté juive n'exerça autant de pouvoirs judiciaires sur les juifs — y compris celui d'infliger la peine de mort — et n'en fit un usage aussi étendu et aussi public. À partir du XIe siècle, en Castille, les autorités juives se déchaînèrent contre la secte hérétique des caraïtes qui, s'ils ne se repentaient pas, étaient fouettés jusqu'à ce que mort s'ensuive. Les femmes juives vivant en concubinage avec des gentils avaient le nez coupé par les rabbins : « elle perdra sa beauté, expliquaient-ils, et ainsi son amant en viendra à la haïr ». Les juifs se permettant d'agresser un juge rabbinique avaient les mains coupées. Les adultères étaient jetés en prison après avoir traversé la juiverie sous l'opprobre et les coups. Lors des disputes religieuses, les intervenants soupçonnés d'hérésie étaient condamnés à avoir la langue coupée.

Historiquement, tous ces comportements étaient liés à l'anarchie féodale et aux tentatives de quelques rois "forts" de gouverner par la violence, au mépris des institutions parlementaires, les Cortes, qui existaient déjà. Dans cette lutte, les juifs eurent un rôle très important, non seulement par leur influence financière et politique, mais aussi par leur puissance militaire (du moins dans le royaume le plus important, la Castille). Un exemple suffira : en Castille, aussi bien le mauvais gouvernement que l'influence politique juive atteignirent leur apogée sous Pierre Ier, surnommé justement Le Cruel. Les communautés juives de Tolède, Burgos et de nombreuses autres cités lui servirent de garnisons pendant la longue guerre civile qu'il finit par perdre contre son demi-frère Henri de Transtamare

(Henri II, 1369-1379)[70]. Ce même Pierre Ier accorda aux juifs de Castille le droit d'établir une inquisition dans tout le royaume contre leurs non-orthodoxes — plus de cent ans avant la création de la Sainte Inquisition catholique.

Comme dans les autres pays d'Europe occidentale, la lente apparition de la conscience nationale, qui perce sous les Transtamare et, après bien des alternatives, s'affirme définitivement sous Ferdinand et Isabelle, s'accompagne d'abord d'un déclin de la position des juifs, puis de mouvements populaires et de pressions dirigés contre eux, et enfin de leur expulsion. Dans l'ensemble, les juifs furent défendus par la noblesse et le haut clergé. C'étaient les degrés les plus plébéiens de l'Église, notamment les ordres mendiants, directement liés à la vie du bas peuple, qui leur étaient hostiles. Les grands ennemis des juifs, Torquemada et le cardinal Ximenes, furent aussi les grands réformateurs de l'Église d'Espagne, qui réduisirent sa corruption et lui firent abandonner la défense de l'aristocratie féodale pour le service de la monarchie.

La Pologne

L'ancienne Pologne d'avant 1795 — république féodale à royauté élective — est l'exemple inverse. Il montre qu'avant l'avènement de l'État moderne, la position des juifs fut, socialement, plus importante, et leur autonomie interne plus

---

[70] Durant cette guerre, Henri de Transtamare fit appel aux sentiments antijuifs, bien que sa mère, Éléonore de Guzman, fût en partie d'ascendance juive. (L'Espagne est le seul pays où les grands se soient alliés par mariage avec des juifs.) Après sa victoire, lui aussi employa des juifs aux plus hautes fonctions financières.

grande, sous un régime complètement rétrograde, pour ne pas dire dégénéré.

Pour de nombreuses raisons, la Pologne médiévale n'a pas suivi l'évolution de pays comme l'Angleterre ou la France. Une monarchie forte, de type féodal — sans la moindre représentation parlementaire — ne s'y est constituée qu'au XIVe siècle, principalement sous Casimir le Grand (1333-1370). Aussitôt après sa mort, des changements de dynastie et d'autres facteurs établirent rapidement le pouvoir des magnats, puis, avec eux, de la petite noblesse. En 1572, le roi n'était plus qu'un figurant et tous les états non nobles étaient exclus de la vie politique. Au cours des deux siècles suivants, l'absence de gouvernement devint une anarchie déclarée — au point qu'une décision de justice concernant un noble n'était plus que l'autorisation légale d'engager une guerre privée pour imposer cette décision (il n'existait aucun autre moyen de la faire valoir) et qu'au XVIIIe siècle, les dissentiments entre grandes familles se réglaient à coup de troupes de dizaines de milliers d'hommes, bien supérieures à la force armée officielle dérisoire de la République.

Dans cette histoire le paysan polonais (libre jusqu'au haut moyen âge) fut réduit au servage, servage difficile à distinguer de l'esclavage pur et simple et qui, certainement, était le pire d'Europe. Le désir des nobles des pays voisins d'avoir sur leurs paysans le même pouvoir que le pan polonais (pouvoir qui comprenait le droit de vie et de mort sans appel) contribua à l'extension territoriale de la Pologne. La situation dans les "territoires orientaux" de la Pologne (Biélorussie et Ukraine), habités et cultivés par des paysans nouvellement asservis, était la pire de toutes[71].

Il semble qu'un petit nombre de juifs vivaient en Pologne (y occupant des positions importantes) depuis la création de l'État. L'émigration juive à une grande échelle vers ce pays commença au XIIIe siècle et prit de l'ampleur sous Casimir le Grand, ce phénomène étant dû au déclin de la situation des juifs en Europe occidentale puis centrale. On ne sait pas grand-chose des juifs polonais durant cette période. Mais avec l'affaiblissement du pouvoir monarchique au XVIe siècle — notamment sous Sigismond Ier l'Ancien (1506-1548) et sous son fils Sigismond II Auguste (1548-1572) — la communauté juive connut une soudaine élévation sociale et politique, qui alla de pair, comme d'habitude, avec un bien plus grand degré d'autonomie.

C'est alors que les juifs de Pologne se virent octroyer leurs plus grands privilèges et que fut créé, en particulier, le fameux Conseil des quatre Pays, organisme juif autonome, pourvu de pouvoirs politiques et judiciaires très étendus sur tous les juifs des quatre grandes divisions de la Pologne. L'une de ses principales fonctions était de recueillir dans tout le pays tous les impôts que l'on exigeait des juifs ; le Conseil prélevait une part de la recette pour son propre usage et celui des communautés juives locales, et remettait le reste au Trésor polonais.

---

[71] Jusqu'au XVIIIe siècle la situation des serfs de Pologne fut, de l'avis général, encore pire qu'en Russie. Au cours de ce siècle, certains aspects du servage en Russie, les ventes publiques de serfs par exemple, furent pires qu'en Pologne, mais le Tsar (son gouvernement) gardait des pouvoirs sur les paysans asservis, comme le droit de les enrôler dans l'armée impériale.

Quel fut le rôle social de la communauté juive polonaise du début du XVIe siècle jusqu'en 1795 ? Le pouvoir monarchique, de plus en plus inexistant, cessa d'influencer le sort des juifs, et ceux-ci tombèrent très rapidement sous la coupe de l'aristocratie — ce qui eut des conséquences durables et tragiques à la fois pour les juifs eux-mêmes et pour le commun du peuple polonais. Dans toute la République, les nobles se servirent des juifs pour saper la puissance commerciale, déjà bien relative, des Villes royales. En Pologne — cas unique dans les pays de la chrétienté occidentale — les biens appartenant aux nobles dans les villes, fussent-elles royales, échappaient aux lois municipales et aux règlements des métiers.

Dans la plupart des cas, les nobles y établissaient leurs protégés juifs, ce qui provoquait des conflits incessants. Les juifs en sortaient régulièrement "victorieux", en ce sens que les villes ne parvenaient ni à les plier à leurs lois ni à les expulser ; mais, tout aussi régulièrement, un certain nombre d'entre eux étaient tués, et leurs biens pillés, au cours des émeutes populaires. Les seigneurs cependant y trouvaient leur compte. Des effets analogues sinon plus graves résultèrent de l'emploi fréquent de juifs comme hommes d'affaires de la noblesse et, comme tels, exempts de la plupart des octrois et des tarifs douaniers polonais, au détriment de la bourgeoisie autochtone.

Mais la pire des situations est celle qui se créa dans les provinces orientales de la Pologne — c'est-à-dire, en gros, les régions à l'est de sa frontière actuelle, y compris la quasi-totalité de l'Ukraine, jusqu'à la ligne de partage linguistique avec le russe[72]. (Avant 1667 ces confins orientaux s'étendaient bien à l'est du Dniepr ; Poltava, par exemple, était à l'intérieur de la Pologne.) Dans ces vastes territoires il n'y avait pour ainsi dire pas de Villes royales. Les villes avaient été fondées par les seigneurs et leur appartenaient — et elles étaient peuplées presque exclusivement de juifs.

Jusqu'en 1939, la population de nombreuses villes polonaises à l'est du Bug était encore à 90% juive, et ce phénomène démographique était encore plus prononcé dans cette longue bande de territoire, annexée par la Russie impériale sur la Pologne, que l'administration tsariste avait définie comme "zone de sédentarisation juive" [73]. En dehors des villes, de très nombreux juifs, dans toute la Pologne certes, mais surtout à l'est, étaient employés à des fonctions qui en faisaient les supérieurs et les oppresseurs directs de la paysannerie asservie : ils étaient baillis (régisseurs de domaine investis des pleins pouvoirs de contrainte par le seigneur) ; preneurs à bail de certains privilèges féodaux, comme d'exploiter le moulin ou le four banal, de distiller et tenir le cabaret (ce qui impliquait le droit de fouiller armes à la main les maisons paysannes, à la recherche d'alambics clandestins) ; ou encore collecteurs de toutes les redevances imaginables. Bref, en Pologne orientale, aux temps de la domination des seigneurs (et de l'Église féodale, issue

---

[72] ou, pour l'exactitude, le grand-russe, à distinguer du petit-russe (ukrainien) et du biélorusse (N.d.T.).

[73] L'auteur emploie l'expression reçue en anglais de Jewish Pale, qui signifie plutôt "région de juridiction juive". Beaucoup d'auteurs francophones écrivent "zone de résidence", mais le mot russe, osedlost', signifie "mode de vie sédentaire", "sédentarisation" (de même que les régimes staliniens voulaient sédentariser les tsiganes (N.d.T.).

exclusivement de la noblesse) les juifs étaient à la fois les exploiteurs immédiats de la paysannerie et à peu de choses près les seuls citadins.

Assurément, la plus grande partie de ce qu'ils prélevaient sur les moujiks finissait, d'une façon ou d'une autre, dans les caisses des seigneurs.

Assurément, les juifs étaient eux-mêmes opprimés et assujettis, et l'histoire a retenu de nombreux exemples poignants des épreuves et des humiliations infligées par ces hobereaux à "leurs" juifs. Mais, comme nous l'avons remarqué, les paysans subissaient une oppression encore plus forte sous la double férule des propriétaires terriens et des juifs ; et il est permis de supposer que ces derniers faisaient peser sur eux tout le poids des lois religieuses juives relatives aux gentils (sauf, bien sûr, en période d'insurrection paysanne). Comme nous le verrons au chapitre suivant, l'application de ces lois est suspendue ou modérée dans les cas où l'on peut redouter qu'elles ne suscitent une hostilité dangereuse à l'égard des juifs ; mais les sentiments des paysans ne comptaient pas aux yeux d'un administrateur juif, tant qu'il avait pour bouclier la "paix" d'un grand seigneur.

Cet état de choses dura jusqu'à l'avènement de l'État moderne, autrement dit bien après le démembrement et la "disparition" de la Pologne. Celle-ci fut donc le seul grand pays de l'Occident chrétien à n'avoir jamais expulsé "ses" juifs. Une nouvelle classe moyenne ne pouvait s'y développer à partir d'une paysannerie totalement asservie ; et la première bourgeoisie, confinée dans certaines villes et peu active commercialement, ne représentait pas une force. Partout les choses ne cessaient d'empirer, sans que cela suscitât aucun changement réel.

Les conditions d'existence à l'intérieur de la communauté juive suivirent un cours tout aussi rétrograde. Durant la période 1500-1795, qui est l'une des plus infestées de superstition dans l'histoire du judaïsme, la communauté juive polonaise dépassa toutes les autres sur ce chapitre et sur celui du fanatisme. Les pouvoirs considérables de l'autonomie juive servirent de plus en plus à étouffer toute pensée originale ou innovatrice, à défendre et encourager l'exploitation la plus éhontée des juifs pauvres par les juifs riches alliés aux rabbins, et à justifier la part prise par les juifs au service de l'aristocratie dans l'oppression des paysans. Là encore, il n'y avait pas d'issue, hormis l'émancipation importée de l'extérieur. La Pologne d'avant 1795, où le rôle social des juifs fut plus important que partout ailleurs, illustre mieux que tout autre pays la faillite du judaïsme classique.

Les persécutions contre les juifs

Durant toute la période du judaïsme classique, les juifs furent souvent en butte à des persécutions[74] — et ce fait sert maintenant d'"argument" principal aux apologistes de la religion juive, avec ses lois contre les gentils, et surtout aux apologistes du sionisme. Évidemment, l'extermination nazie de cinq à six millions de juifs européens est censée être le couronnement de cette argumentation. Il nous faut donc considérer ce que furent ces persécutions, et leur image actuelle. D'autant plus que les descendants des juifs de la Pologne d'avant 1795 (souvent appelés "juifs de l'Est", par opposition aux juifs du domaine de

---

[74] Durant la période précédente, au contraire, les persécutions antijuives étaient rares. C'est le cas de l'Empire romain, même lorsqu'y éclataient de graves révoltes juives. Gibbon a raison de louer la tolérance d'Antonin le Pieux (et de Marc Aurèle) envers les juifs, si peu de temps après la grande révolte de Bar-Kokhba (132-135).

culture allemande du début du XIXe siècle, qui incluait l'Autriche, la Bohême et la Moravie actuelles) sont les principaux détenteurs du pouvoir politique aussi bien en Israël que dans les communautés juives des États-Unis et des autres pays anglophones ; leur passé, leur histoire (que nous venons d'évoquer dans les grandes lignes) font que ce mode de penser est, chez eux, particulièrement ancré, bien plus que chez les autres juifs.

Il convient, avant tout, de bien marquer la différence entre les persécutions de la période "classique" et l'extermination* nazie. Celles-là étaient des mouvements populaires, venant du bas, alors que celles-ci furent inspirées, organisées et mises en pratique par les responsables d'un État, autrement dit par en-haut. Une telle extermination organisée par l'État lui-même est un fait exceptionnel dans l'histoire ; on ne peut citer que quelques autres cas semblables (le génocide des Tasmaniens et de plusieurs autres peuples des anciennes colonies, par exemple). De plus, les nazis cherchaient à anéantir d'autres peuples : les tsiganes furent supprimés de la même façon que les juifs, et l'extermination des Slaves était en "bonne" voie, par massacre systématique de millions de civils et de prisonniers de guerre* . Cependant, ce sont les persécutions antijuives de la période "classique", récurrentes, et généralisées à de nombreux pays, qui constituent le référent des hommes politiques sionistes, l'excuse qu'ils invoquent pour persécuter à leur tour les Palestiniens, et l'argument massue des défenseurs du judaïsme en général.

Il est donc nécessaire de rappeler que lors des pires persécutions, autrement dit celles qui se traduisaient par des massacres, les sphères dirigeantes — l'empereur et le pape, les rois, la haute noblesse et le haut clergé, ainsi que la grande bourgeoisie des villes libres — furent toujours du côté des juifs. Les ennemis de ces derniers se recrutaient parmi les classes les plus opprimées et les plus exploitées, et dans les groupes qui leur étaient proches dans la quotidienne et avaient des intérêts semblables — les moines des ordres mendiants, par exemple. Certes, dans la plupart des cas (mais pas dans tous, à mon avis), ce n'était ni par humanité, ni en vertu d'une sympathie particulière pour les juifs que les "grands" de l'époque intervenaient pour les protéger — mais, comme toutes les classes dirigeantes, pour des raisons exprimant plus ou moins directement leurs propres intérêts : si l'on proclamait défendre "l'ordre", et la place utile des juifs à l'intérieur de celui-ci, on était en fait mû principalement par la haine des basses classes, et la crainte de voir les émeutes contre les juifs se transformer en sédition populaire généralisée. Le fait est néanmoins que ceux-ci étaient protégés par les puissants[75]. C'est pourquoi les massacres de juifs de la période "classique" ont toujours été perpétrés au cours de soulèvements des paysans ou d'autres mouvements populaires, lorsque l'État, pour une raison ou une autre, était réduit à l'impuissance. Ceci est vrai même dans le cas, en partie exceptionnel, de la Russie. Le gouvernement tsariste, par le biais de sa police secrète, a effectivement provoqué des pogroms — mais uniquement dans des moments où il était profondément

---

[75] J'insiste sur ces faits — qui apparaissent clairement dès qu'on étudie n'importe laquelle de ces explosions antijuives — car, aujourd'hui, ils sont régulièrement négligés dans les ouvrages d'histoire non spécialisée. Honorable exception : le livre de Hugh Trevor-Roper, The Rise of Christian Europe, Thames and Hudson, Londres, 1965, p. 173-174. Trevor-Roper est aussi l'un des très rares historiens modernes à signaler que les juifs furent longtemps les principaux trafiquants d'esclaves entre l'Europe médiévale (chrétienne et païenne) et le monde musulman (ibidem, p. 92-93). Pour favoriser cette abomination, qu'il ne peut être question de traiter ici, Maimonide autorisa les juifs, au nom de leur religion, à enlever les enfants des gentils pour les vendre ; son avis ne resta certainement pas lettre morte ; d'ailleurs, il reflétait sans doute une pratique déjà établie à l'époque.

ébranlé (après l'assassinat d'Alexandre III en 1881, puis juste avant et juste après la révolution de 1905) ; et il prenait soin, même alors, de prévenir tout "débordement". En revanche, lorsqu'il était à l'apogée de sa force — par exemple sous Nicolas Ier ou durant la deuxième partie du règne d'Alexandre III, après l'écrasement de l'opposition — le régime ne tolérait pas les pogroms (quand bien même il renforçât la discrimination juridique à l'encontre les juifs).

Cette règle est vraiment générale, elle se vérifie lors de tous les grands massacres de juifs de l'Europe chrétienne. Au cours de la première croisade ce ne furent pas les armées personnelles des chevaliers qui s'en prirent aux juifs, mais les hordes populaires, composées presque exclusivement de paysans et d'indigents, parties spontanément sous la houlette de Pierre l'Ermite. Dans toutes les cités qu'elles envahissaient, les évêques ou les représentants de l'empereur s'opposèrent à elles et s'efforcèrent, souvent en vain, de protéger les juifs [76]. Les émeutes antijuives d'Angleterre, au moment de la troisième croisade, furent un aspect d'un mouvement populaire contre les fonctionnaires royaux, et les émeutiers furent punis par Richard Cœur-de-Lion. Les massacres de juifs lors des grandes pestes se produisirent contre les mandements clairs et nets du pape, de l'empereur, des évêques et des princes allemands. Dans les villes libres, comme à Strasbourg, ces tueries furent régulièrement l'effet direct d'une révolution locale ayant abouti au renversement d'un conseil municipal oligarchique — qui

---

[76] On en trouvera des exemples dans n'importe quelle histoire des croisades. Voir notamment S. Runciman, A History of the Crusades, vol. I, livre 3, chap. 1 "La croisade allemande". L'écrasement de cette croisade populaire par l'armée hongroise « apparut à la plupart des chrétiens comme un juste châtiment infligé par le Ciel aux meurtriers des juifs ».

protégeait les juifs — et à son remplacement par une administration plus populaire. Les grands massacres de juifs de 1391 en Espagne eurent lieu sous une régence faible et à un moment où la papauté, divisée par le grand schisme d'Occident, était incapable de tenir en main les moines mendiants.

L'exemple le plus frappant est peut-être donné par le vaste pogrom commis en 1648 en Ukraine, lors de la révolte de Chmielnicki [Khmelnitski] — rébellion des officiers cosaques qui s'était transformée rapidement en un soulèvement général des serfs. « Les sans-privilèges, les sujets, les Ukrainiens, les orthodoxes [persécutés par l'Église catholique polonaise] s'insurgèrent contre leurs maîtres catholiques polonais, et attaquèrent les suppôts de ces maîtres : le clergé et les juifs[77]. » Cette insurrection paysanne typique contre une oppression extrême, insurrection accompagnée non seulement de massacres de la part des rebelles, mais des atrocités encore plus horribles de la "contre-terreur" exercée par les troupes privées des magnats polonais[78], est restée jusqu'aujourd'hui emblématique dans la conscience des juifs est-européens — non pas, cependant, comme insurrection paysanne, comme révolte des opprimés, des vrais damnés de la terre, ni même comme une vengeance répandue sur tous les lèche-bottes de la "noblesse" polonaise, mais comme un acte d'antisémitisme gratuit, dirigé contre les juifs en tant que tels. De fait, les votes de la représentation

---

[77] John Stoye, *Europe Unfolding 1648-88*, Fontana, Londres, p. 46.

[78] Ce dernier aspect n'est évidemment pas mentionné par l'historiographie juive. Le châtiment commun du paysan rebelle, ou ne serait-ce qu'"insolent", était d'être empalé.

ukrainienne à l'ONU[79] et, de façon plus générale, la politique soviétique au Moyen-Orient ont souvent été "expliqués" dans la presse israélienne comme « un héritage de Chmielnicki » ou de « ses descendants ».

L'antisémitisme moderne

Depuis lors les persécutions antijuives ont radicalement changé de nature. Avec l'instauration de l'État moderne, l'abolition du servage et la conquête des droits individuels minimum, la fonction socio-économique particulière des juifs n'a plus lieu d'être. Avec elle disparaissent aussi les pouvoirs de la communauté juive sur ses membres, et ceux-ci, en nombre croissant, obtiennent la liberté de se joindre, en tant qu'individus, à la société commune des pays où ils vivent. Cette transition suscita évidemment une violente réaction à la fois du côté des juifs (surtout de leur rabbins) et de la part des éléments du monde européen qui s'opposaient à la société "ouverte" et jetaient l'anathème sur l'ensemble du processus de libération de l'individu.

L'antisémitisme moderne fait son apparition d'abord en France et en Allemagne, puis en Russie, après 1870 environ. Selon l'opinion dominante chez les socialistes juifs, ses origines et son développement ultérieur jusqu'à nos jours seraient à imputer au "capitalisme". Il me semble, au contraire, que dans tous ces pays, les capitalistes prospères étaient dans l'ensemble remarquablement exempts d'antisémitisme, et que chez les

---

[79] L'URSS, membre co-fondateur de l'ONU, avait imposé la présence de l'Ukraine et de la Biélorussie à l'Assemblée générale, comme États "indépendants", chacun avec sa voix (N.d.T.).

premières grandes nations capitalistes de l'histoire — comme l'Angleterre et les Pays-Bas — l'antisémitisme était beaucoup moins répandu qu'ailleurs[80].

À ses débuts (1880-1900) l'antisémitisme moderne fut une réaction d'hommes désorientés, haïssant profondément la société nouvelle sous toutes ses formes, bonnes ou mauvaises, et croyant fermement en une théorie de l'histoire comme conspiration. Ils prirent les juifs comme bouc émissaire, ils leur imputèrent l'effondrement de l'ancienne société (que la nostalgie antisémite s'imaginait encore plus fermée et ordonnée qu'elle ne le fut jamais en réalité) et tout ce qui était inquiétant dans l'époque contemporaine. Cependant, dès le départ, l'antisémitisme créait un problème irritant, difficile à résoudre pour ses adeptes : comme définir ce bouc émissaire, surtout en termes accessibles à tous ? Quel commun dénominateur était-il censé y avoir entre un musicien, un banquier, un artisan et un mendiant juifs — d'autant que la plupart ne présentaient même plus, du moins extérieurement, de caractéristiques religieuses communes ? L'antisémitisme moderne ne put se dépêtrer de cette aporie qu'en inventant la "race" juive.

L'ancienne opposition chrétienne, et plus encore musulmane, au judaïsme classique n'avait pas eu le moindre contenu raciste. Jusqu'à un certain point, c'était assurément une conséquence de l'universalité du christianisme et de l'islam, et du lien originel qui les rattachait au judaïsme (saint Thomas More réprimanda à maintes reprises une femme qui ne voulait pas

---

[80] On peut constater la même différence à l'intérieur d'un pays donné. En Allemagne, par exemple, la Bavière, région agraire, était bien plus antisémite que les zones industrialisées.

admettre, comme il le lui disait, que la Vierge Marie était juive). Mais à mon avis, la principale raison [de cette attitude] tenait au rôle des juifs en tant que partie intégrante des hautes classes. Dans de nombreux pays, les juifs étaient traités comme des nobles en puissance, et s'ils se convertissaient pouvaient aussitôt s'allier par mariage avec les plus illustres familles. La noblesse aragonaise et castillane du XVe siècle, ou l'aristocratie de la Pologne du XVIIIe siècle — pour citer les deux cas où les mariages avec les juifs convertis devinrent chose courante et admise — ne se seraient certes jamais alliées avec des campesinos ou des moujiks, malgré tout ce qui est dit dans l'Évangile à la louange des pauvres.

C'est le mythe moderne de la "race" juive — ce fantasme de traits invisibles et cachés constituant néanmoins les caractères dominants du "juif", indépendamment de l'histoire, des rôles sociaux et de toute autre chose — qui est la marque formelle et distinctive la plus importante de l'antisémitisme moderne. Ce fait fut perçu par une partie de l'Église lorsque le mouvement se mit à prendre de l'ampleur. Des membres en vue de la hiérarchie catholique française, par exemple, s'opposèrent à la doctrine raciste exposée par Édouard Drumont, le premier antisémite moderne français à avoir touché un vaste public avec son célèbre ouvrage La France juive (1886)[81]. Les premiers antisémites

---

[81] « Le refus de l'Église d'admettre qu'un juif restera toujours un juif fut un autre coup dur pour le catholique déclaré qu'était Drumont. L'un de ses principaux compagnons, Jules Guérin, a évoqué son écœurement lorsque le Père du Lac, célèbre jésuite, le blâma d'avoir attaqué certains juifs convertis du nom de Dreyfus. » D.W. Brogan, The Development of Modern France, vol. I, Harper Torchbooks, New York, 1966, p. 227.

allemands de l'ère contemporaine rencontrèrent une opposition semblable.

Cela dit, d'importants secteurs de la droite conservatrice en Europe étaient tout à fait disposés à entrer dans le jeu de l'antisémitisme moderne pour l'utiliser à leurs propres fins, et les antisémites ne demandaient pas mieux que de se servir des conservateurs quand l'occasion s'en présentait, bien que, sur le fond, il n'y eût guère de similitudes entre les deux partis.

« Les victimes les plus durement malmenées [par la plume de Drumont] n'étaient pas les Rothschild, mais les grands aristocrates qui les courtisaient. Drumont n'épargnait pas la famille royale [...] ni les évêques, ni, sur ce chapitre, le pape lui-même [82]. » Néanmoins, lors de l'affaire Dreyfus, beaucoup d'aristocrates (et non des moindres), d'évêques et de conservateurs français en général n'hésitèrent pas un instant à jouer la carte de Drumont et de l'antisémitisme dans l'espoir d'abattre le régime républicain.

Ce type d'alliance opportuniste s'est reformé à maintes reprises dans de nombreux pays européens jusqu'à la défaite du nazisme. La haine des conservateurs pour le radicalisme et en particulier pour toutes les variantes du socialisme aveuglait nombre d'entre eux sur la nature de leurs associés politiques. Mais dans bien des cas, de toute façon, ceux-ci se seraient littéralement alliés avec le diable, oubliant que selon le vieil adage, il faut avoir une très longue cuiller pour souper avec lui.

---

[82] Ibidem.

Les effets concrets de l'antisémitisme moderne et de ses alliances avec les conservateurs ont dépendu de plusieurs facteurs.

En premier lieu, la vieille tradition de l'antijudaïsme religieux chrétien, qui subsistait dans de nombreux pays d'Europe (mais absolument pas dans tous), pouvait être attelée au char de l'antisémitisme, si le clergé appuyait cette opération ou ne s'y opposait pas. Son attitude, dans chaque pays, était largement déterminée par des circonstances historiques et sociales locales. Dans l'Église catholique, la tendance à une alliance opportuniste avec l'antisémitisme était forte en France, en Pologne ou en Slovaquie, mais pas en Italie ou en Bohème. L'Église orthodoxe était fortement et notoirement antijuive en Roumanie, ce qui n'était nullement le cas en Bulgarie. Quant aux Églises protestantes, celle d'Allemagne était profondément divisée sur la question, d'autres (comme celles de Lettonie et d'Estonie) étaient plutôt antisémites, mais beaucoup (par exemple, les Églises hollandaise, suisse et scandinave) furent parmi les premières à dénoncer l'antisémitisme.

En second lieu, l'antisémitisme était pour une large part l'expression d'une xénophobie générique, du désir d'une société homogène, "pure". Or, dans de nombreux pays d'Europe, vers 1900 (et, de fait, jusqu'à une époque très récente) les juifs étaient à peu près les seuls "étrangers".

C'était notamment le cas de l'Allemagne. Les racistes allemands du début de ce siècle nourrissaient, en principe, autant de haine et de mépris pour les noirs que pour les juifs ; mais il n'y avait pas de noirs en Allemagne en ce temps-là. Et évidemment, il est bien plus facile de focaliser la haine sur les présents que sur les absents, surtout à cette époque-là où les voyages et le tourisme de masse n'existaient pas encore — la plupart des Européens ne sortaient jamais de leur pays en temps de paix.

En troisième lieu, les succès de ces alliances d'opportunité entre les conservateurs et les antisémites étaient, évidemment, inversement proportionnels au pouvoir et aux capacités de leurs adversaires. Et en Europe les adversaires conséquents et efficaces de l'antisémitisme étaient, et restent, les forces politiques du libéralisme et du socialisme — soit, historiquement, les forces qui de diverses façons continuent la tradition symbolisée par la guerre d'indépendance des Pays-Bas (1568-1648), la Révolution anglaise, et la Grande Révolution française. Sur le continent européen, le grand shibboleth [signe de partage] est l'attitude par rapport à la Révolution de 1789 : grosso modo, ceux qui l'approuvent sont contre l'antisémitisme ; ceux qui l'admettent avec regret ont au moins une prédisposition à s'allier avec les antisémites ; enfin, ceux qui l'abhorrent et voudraient défaire ce qu'elle a accompli constituent le bouillon de culture de l'antisémitisme.

Toutefois, il convient de distinguer très nettement entre les conservateurs et même les réactionnaires, d'une part, et les vrais racistes et antisémites de l'autre. Le racisme moderne (qui inclut l'anti sémitisme), bien que produit par des conditions sociales particulières, devient, lorsqu'il gagne, une force qui, à mes yeux, ne peut être qualifiée autrement que de démonique[83]. Une fois arrivé au pouvoir, et tant qu'il le garde, il défie, je crois, l'analyse de tout ce que nous connaissons actuellement en fait de théories

---

[83] Dans le texte demonic : c'est-à-dire, simplement, "propre aux démons, caractéristique d'un démon" (mais aussi bien au sens judéo-chrétien qu'au sens premier grec, bon ou mauvais, de "démon") — sans les connotations de "démoniaque" (N.d.T.).

ou de simples ensembles d'observations sociales — surtout de toute théorie connue faisant appel aux intérêts, qu'ils soient de classe, ou d'État, ou — sinon purement psychologiques — de toute entité définissable au niveau actuel de la connaissance humaine. Je ne veux pas dire par là que ces forces sont par principe inconnaissables ; au contraire, il faut espérer que les progrès de la connaissance humaine permettront enfin de les comprendre. Mais pour le moment, elles ne sont ni comprises, ni susceptibles de prédictions rationnelles — et ceci s'applique à tout racisme dans toutes les sociétés[84]. De fait, aucune grande

---

[84] J'illustrerai le caractère irrationnel, démonique atteint parfois par le racisme, en citant trois exemples choisis au hasard. L'extermination des juifs d'Europe battit son plein, si l'on peut dire, en 1942 et au début de 1943, soit pendant la grande offensive nazie en Russie et son enlisement à Stalingrad. Durant ces huit mois (juin 1942—février 1943) les nazis utilisèrent probablement plus de wagons de chemin de fer pour traîner les juifs aux chambres à gaz que pour acheminer vers l'armée les fournitures dont elle avaient si grand besoin. Bien plus, avant d'être conduits à la mort, la plupart de ces juifs, du moins en Pologne, étaient employés de façon tout à fait rentable à la production de matériel pour cette armée. Deuxième exemple remontant aux Vêpres Siciliennes (1282) : « Tout Français sur lequel ils [les insurgés siciliens] tombaient était massacré. Ils envahissaient les auberges fréquentés par les Français ou leurs maisons, et les tuaient tous, n'épargnant ni femmes ni enfants […] Les émeutiers faisaient effraction dans les couvents dominicains et franciscains ; ils traînaient au-dehors tous les moines étrangers et les sommaient de prononcer le mot sicilien ciciri [pois chiche] que les Français étaient incapables de reproduire exactement. Tous ceux qui échouaient à cette épreuve étaient tués. » (S. Runciman, The Sicilian Vespers, Cambridge University Press, 1958, p. 215). Troisième exemple, récent : pendant l'été 1980, juste après un attentat perpétré par des terroristes juifs, dans lequel le maire de Naplouse, Bassam Shak'a, perdit les deux jambes, et celui de Ramallah, Karim Khalaf, perdit un pied, un groupe de nazis juifs se réunit sur le campus de l'université de Tel-Aviv, mit à rôtir quelques chats et en offrit la viande aux passants sous le nom de "chich-kébab de gigot de maire arabe". Tous ceux qui ont été témoins — comme moi — de cette scène macabre ne peuvent pas ne pas admettre que

figure politique, ni aucun groupe de quelque nuance politique que ce soit dans aucun pays n'avait prédit même vaguement les horreurs du nazisme. Seuls des artistes et des poètes, comme Heine, ont eu quelques visions fugitives de ce que réservait l'avenir. Nous ignorons comment ils y sont parvenus ; et d'ailleurs, beaucoup de leurs autres intuitions étaient fausses.

La réponse sioniste

Historiquement, le sionisme est à la fois une réaction à l'antisémitisme et une alliance conservatrice avec lui ; les sionistes, pas plus que les autres conservateurs européens, ne comprenaient vraiment avec qui ils s'alliaient.

Jusqu'à l'essor de l'antisémitisme moderne, un vent d'optimisme — bien excessif — se mit à souffler parmi les juifs européens. Un très grand nombre d'entre eux, surtout dans les pays de l'Ouest, abandonnèrent tout simplement, et apparemment sans grand regret, le judaïsme classique, dès la première ou la deuxième génération où cela fut possible ; d'autre part, l'on assista à la formation d'un puissant mouvement culturel, le mouvement des Lumières juif (Haskalah) : né en Allemagne et en Autriche vers 1780, il gagna l'Europe orientale où il s'affirma dans les années 1850-1870 comme une force sociale considérable. Je ne m'étendrai pas ici sur les réalisations culturelles de la haskalah, telles que le renouveau de la littérature hébraïque et la création d'une étonnante littérature en yiddish. — Ce mouvement, par-delà toutes ses nuances et ses tiraillements internes, avait en commun deux articles de foi qui le

---

certaines horreurs défient toute explication, dans l'état actuel des connaissances.

caractérisent : la croyance dans la nécessité d'une critique radicale de la société juive et notamment du rôle social de la religion judaïque, dans sa forme classique ; et l'espérance quasi messianique de la victoire des "forces du bien" à l'intérieur des sociétés européennes. Forces qui, bien sûr, étaient définies selon le seul critère de leur attitude envers l'émancipation juive.

Le développement de l'antisémitisme et sa transformation en mouvement populaire, et les nombreuses alliances conclues avec lui par les forces conservatrices portèrent un rude coup à la haskalah. Ce revers fut d'autant plus dévastateur que la montée de l'antisémitisme se produisit juste après l'émancipation des juifs dans certains pays d'Europe, et alors qu'ils n'avaient pas encore été libérés dans d'autres. Les juifs de l'empire d'Autriche ne reçurent la pleine égalité des droits qu'en 1867. En Allemagne, certains États avaient très tôt émancipé leurs juifs ; d'autres, notamment la Prusse, traînaient des pieds sur la question ; il fallut un décret de Bismarck, en 1871, pour que tous les juifs du Reich soient enfin émancipés.

Dans l'empire Ottoman, les juifs restèrent soumis à une discrimination officielle jusqu'en 1909 ; en Russie (et en Roumanie), jusqu'en 1917. Ainsi, l'antisémitisme moderne apparaît dans la décennie qui suit l'émancipation en Europe centrale, et bien avant l'émancipation de la plus grande communauté juive de l'époque, celle de l'empire tsariste.

Il était alors aisé pour les sionistes d'ignorer délibérément la moitié des faits décisifs, de reprendre la position ségrégationniste du judaïsme classique et de soutenir que tous les gentils haïront et persécuteront toujours tous les juifs, et que la seule solution était donc de les faire tous partir pour les rassembler [concentrate] en Palestine, ou en Ouganda, ou ailleurs encore[85]. Certains détracteurs juifs du sionisme à ses débuts ne manquèrent pas de faire remarquer que s'il y a une incompatibilité éternelle entre juifs et gentils — thèse commune aux sionistes et aux antisémites ! — réunir les juifs en un seul endroit ne ferait qu'attirer sur eux la haine des populations de cette partie du monde (comme cela devait se produire en effet, bien que pour de tout autres raisons). Autant que je sache, cet argument tomba dans le vide, exactement comme du côté antisémite les arguments tout aussi logiques, et fondés sur les faits, contre le mythe de la "race juive".

Il y a toujours eu des relations étroites entre les sionistes et les antisémites : à l'instar d'une partie des conservateurs européens, les sionistes pensaient possible de faire l'impasse sur l'aspect "démonique" de l'antisémitisme et d'utiliser les antisémites pour leurs propres objectifs.

Tout cela est bien connu, les exemples ne manquent pas. Herzl lui-même fit alliance avec Plehve, le ministre antisémite du tsar Nicolas II[86] ; Jabotinsky conclut un pacte avec Petlioura,

---

[85] Une des premières lubies de Jabotinsky (fondateur du parti de Begin) fut de proposer, vers 1912, la création de deux États juifs, l'un en Palestine, l'autre en Angola ; le premier, pauvre en ressources naturelles, auraient été soutenu par les richesses du second.

[86] Herzl se rendit en Russie pour rencontrer Plehve, alors ministre de l'Intérieur, en août 1903, quatre mois à peine après l'horrible pogrom de Kichinev — dont Plehve était notoirement responsable. Herzl lui proposa une alliance, fondée sur leur désir commun de faire sortir le plus possible de juifs de Russie et, à plus court terme, de les détourner du mouvement socialiste. Le ministre du tsar ouvrit leur premier entretien (8 août) en déclarant qu'il se considérait lui-même comme « un fervent partisan du sionisme ». Herzl s'étant lancé dans une exposition des buts du sionisme, Plehve l'interrompit en disant : « Vous

dirigeant ukrainien antibolchevique, dont les troupes massacrèrent quelque cent mille juifs entre 1918 et 1921[87]. Parmi les alliés de Ben Gourion dans l'extrême-droite française pendant la guerre d'Algérie figuraient certains antisémites notoires, qui précisaient bien qu'ils étaient contre les juifs en France, mais pas en Israël.

L'exemple le plus choquant, dans ce domaine, est peut-être la joie avec laquelle certains dirigeants sionistes accueillirent l'arrivée d'Hitler au pouvoir, puisqu'ils partageaient sa croyance dans la primauté de la "race" et son hostilité à l'assimilation des juifs. Ils se réjouirent avec Hitler de son triomphe sur l'ennemi commun : les forces du libéralisme. Le Dr et rabbin sioniste Joachim Prinz, avant d'émigrer aux États-Unis où il s'éleva au poste de vice-président du Congrès juif mondial et devint une lumière de l'Organisation sioniste mondiale (ainsi qu'un grand ami de Golda Meir), avait publié en 1934 un livre de circonstance Wir Juden [Nous les juifs] pour célébrer la "Révolution allemande" hitlérienne et la défaite du libéralisme :

« La signification de la Révolution allemande pour la nation allemande est ou sera peut-être claire pour ceux qui l'ont créée et ont formé son image. Son sens pour nous, il faut le dire tout de

---

prêchez les convertis ». Amos Elon, Herzl, 'Am 'Oved, 1976, p. 415-419, en hébreu.

[87] L'ampleur des massacres qui eurent effectivement lieu à cette époque mériterait d'être révisée et établie avec précision, mais Petlioura lui-même n'y prit aucune part. Il fit tout son possible pour les éviter, les réprimer et punir les responsables. Il n'était lui-même ni antisémite, ni antijuif, ni antijudaïque. Mais la réputation qui lui fut faite servit la propagande stalinienne et constitua une arme redoutable contre le peuple ukrainien.

suite, est que le libéralisme a perdu toutes ses chances. La seule forme de vie politique qui favorisait l'assimilation de juifs n'est plus[88]. »

La victoire du nazisme supprime l'option de l'assimilation ou celle des mariages "mixtes". « Nous n'en sommes pas mécontents », écrivait le Dr Prinz. Les juifs sont forcés de se déclarer comme juifs : mais, c'est « l'accomplissement de nos désirs ». Et de poursuivre :

« Nous voulons que l'assimilation soit remplacée par une nouvelle loi : la déclaration d'appartenance à la nation juive et à la race juive. Un État fondé sur le principe de la pureté de la nation et de la race ne peut qu'être honoré et respecté par le juif qui déclare son appartenance à son propre peuple. S'étant déclaré ainsi, il ne pourra jamais faillir à la loyauté envers un État. Cet État ne veut pas de juifs, hors ceux qui déclarent leur appartenance à leur propre nation. Il ne veut pas de juifs flatteurs et rampants. Il doit exiger de nous foi et loyauté envers notre propre intérêt. Car seul celui qui honore ses origines et son propre sang peut respecter et honorer la volonté nationale des autres nations »[89].

Ce livre regorge de semblables flagorneries à l'égard de l'idéologie nazie ; d'exultations sur la défaite du libéralisme et surtout des idées de la Révolution française[90]. Il exprime un

---

[88] Joachim Prinz, Wir Juden, Berlin, 1934, p. 150-151.

[89] Ibidem, p. 154-155.

[90] Voir par exemple p. 136. Des déclarations encore plus viles de sympathie avec le nazisme furent exprimées par les gangsters de Lohameï Herut Israel (le groupe extrémiste Stern) jusqu'en 1941. Le Dr Prinz était, selon le vocabulaire

profond espoir que le climat d'affinités engendré par le mythe de la race aryenne fera fleurir aussi le sionisme et le mythe de la race juive.

Bien sûr, le Dr Prinz, comme beaucoup de sympathisants et d'alliés du nazisme à ses débuts, ne voyait pas où ce mouvement (et l'antisémitisme moderne en général) conduisait. De la même manière, beaucoup de gens aujourd'hui ne comprennent pas que le sionisme — dont Prinz était une personnalité elle-même "honorée" — tend à réaliser une fusion de toutes les vieilles haine du judaïsme classique envers les gentils, et à une exploitation, ahistorique et sans aucun discernement, de toutes les persécutions de juifs au cours des siècles pour justifier la persécution des Palestiniens par les sionistes.

Car, aussi fou que cela paraisse, il est évident, dès qu'on examine de près les motifs réels des sionistes, qu'une des sources idéologiques les plus profondes de l'hostilité persistante des milieux dirigeants sionistes envers les Palestiniens est que ces derniers s'identifient, dans l'esprit de nombreux juifs de l'Est, avec les moujiks rebelles qui participèrent au soulèvement de Chmielnicki et à d'autres révoltes — et celles-ci sont à leur tour identifiées de façon ahistorique avec l'antisémitisme moderne et le nazisme.

Affronter le passé

Tous les juifs qui veulent réellement se soustraire à la tyrannie du passé judaïque totalitaire doivent s'interroger sur leur

---

sioniste, une "colombe". Dans les années 70, il patronna même le mouvement juif états-unisien Breira — jusqu'à ce qu'il en soit dissuadé par Golda Meir.

attitude à l'égard des manifestations antijuives populaires du passé, notamment de celles qui furent liées aux rébellions des paysans asservis. Dans l'autre camp, en effet, tous les apologistes de la religion judaïque ainsi que du ségrégationnisme et du chauvinisme juifs prennent eux aussi position sur la même question. Le fait indubitable que les révolutionnaires paysans commirent des atrocités odieuses contre les juifs (de même que contre leurs autres oppresseurs) est utilisé par ces apologistes comme un "argument", de la même façon, exactement, que le terrorisme palestinien est utilisé pour justifier le déni de justice à l'égard de tous les Palestiniens.

Notre réponse doit être une réponse universelle, applicable en principe à tous les cas comparables. Pour un juif qui cherche vraiment à s'émanciper du particularisme et du racisme juifs et de la mainmorte de la religion judaïque, une telle réponse n'est pas difficile à trouver.

Après tout, les révoltes de paysans opprimés contre leurs maîtres et les représentants de ceux-ci sont communes dans l'histoire. Une génération après Chmielnicki en Ukraine, les paysans russes à leur tour se soulevèrent derrière Stenka Razine, et un siècle plus tard, derrière Pougatchev. En Allemagne, il y eut la Guerre des Paysans de 1525, en France la Jacquerie de 1357-1358 et beaucoup d'autres séditions populaires, sans parler des innombrables révoltes d'esclaves dans toutes les parties du monde. Tous ces mouvements — et je n'ai cité délibérément que des exemples où les juifs n'étaient pas visés — se sont accompagnés d'horribles massacres, comparables aux aspects les plus épouvantables de la Terreur sous la Révolution française. Or, quelle est la position des véritables progressistes — et, désormais, d'ailleurs, des gens instruits les plus ordinaires, qu'ils soient russes, allemands ou français — sur ces révoltes ? Les historiens anglais sérieux, même s'ils évoquent les massacres de leurs compatriotes par les paysans irlandais insurgés contre leur condition d'esclaves, condamnent-ils ces derniers pour "racisme anti-anglais" ? Quelle est l'attitude des historiens français progressistes à l'égard de la grande révolution des esclaves de Saint-Domingue, où beaucoup de femmes et d'enfants français furent sauvagement tués ? Poser cette question, c'est déjà y répondre. Mais posez une question semblable dans des milieux juifs progressistes ou même "socialistes", et vous entendrez (la plupart du temps) une réponse très différente. Le paysan serf devient un monstre raciste dès lors que des juifs profitaient de son statut d'esclave et de son exploitation !

Ne pas tirer les leçons de l'histoire, c'est se condamner à la répéter : les juifs qui refusent de voir en face le passé du judaïsme n'échappent pas à cette règle, ils sont devenus esclaves de ce passé et le répètent dans les choix de la politique sioniste et israélienne. L'État d'Israël remplit maintenant auprès des paysans opprimés de nombreux pays — du Moyen-Orient et bien au-delà — un rôle analogue à celui des juifs dans la Pologne d'avant 1795 : celui de régisseur de l'oppresseur impérial. C'est un fait symptomatique et instructif qu'Israël ait fortement contribué à armer les forces du régime de Somoza au Nicaragua, ainsi que les régimes du Guatemala, du Salvador, du Chili etc. sans que cela suscite aucun grand débat public en Israël ou dans les communautés juives organisées de la diaspora. Même la simple question terre-à-terre de l'opportunité — savoir si la vente d'armes à des massacreurs de paysans et de combattants de la liberté est dans l'intérêt à long terme des juifs — est rarement soulevée.

Encore plus significatif : la part importante prise dans ces affaires [business] par les juifs religieux, et le mutisme complet de leurs rabbins (sur ce sujet, car ils savent se faire entendre pour inciter à la haine contre les arabes). Israël et le sionisme apparaissent comme une régression au rôle du judaïsme classique — écrite en gros caractères, à l'échelle mondiale, et dans des circonstances plus dangereuses.

À tout cela, la seule réponse possible, avant tout de la part des juifs, doit être celle que donnent tous les véritables défenseurs de la liberté et de l'humanité, dans tous les pays, tous les peuples et toutes les grandes philosophies — aussi limités qu'ils soient parfois, comme est limitée la condition humaine elle-même. Nous devons regarder en face l'histoire du judaïsme ainsi que les aspects de son présent qui s'appuient à la fois sur le mensonge à propos du passé et sur la vénération de celui-ci. Ce qui exige, premièrement, une honnêteté totale devant les faits, et, secondement, la croyance (suivie d'action chaque fois que possible) en des principes humains universalistes d'éthique et de politique.

L'ancien sage chinois Mencius, tant admiré de Voltaire, écrivait (au IVe siècle av. J.-C.) :

> « C'est pourquoi je dis que tous les hommes ont le sens de la compassion : un homme remarque soudain un enfant qui est sur le point de tomber dans un puits ; immanquablement il s'inquiète et s'apitoie, non pas pour gagner la faveur des parents de l'enfant, ou pour chercher l'approbation de ses voisins et de ses amis, ou par peur d'être accusé s'il ne le sauvait pas. Ainsi nous voyons qu'aucun homme n'est dénué du sens de la compassion, ou du sens de la honte, ou du sens de la politesse, ou du sens de ce qu'il faut faire ou ne pas faire. Le sens de la compassion est le début de l'humanité, le sens de la honte est le début de la vertu, le sens de la politesse est le début de la bienséance, le sens de ce qui est bien ou mal est le début de la sagesse. Tout homme a en lui ces quatre principes, de même qu'il est pourvu de quatre membres. Aussi l'homme qui se répute incapable de les exercer se détruit-il lui-même. »

Nous avons déjà vu, et nous montrerons avec plus de détails dans le chapitre suivant, à quel point sont éloignés de cette conception les préceptes dont la religion judaïque, dans sa forme classique et talmudique, empoisonne les esprits et les cœurs.

La voie d'une révolution authentique à l'intérieur du judaïsme — pour lui inspirer l'humanité, pour rendre les juifs à même de comprendre leur propre passé et, par-là, de se rééduquer en dehors de sa tyrannie — passe par une critique implacable de la religion juive. Sans acception de personne, nous devons reprendre, contre ce qui relève de notre propre passé, le cri de Voltaire contre le sien : Écrasez l'infâme !

CHAPITRE V

Les lois contre les non-juifs

Comme expliqué au chapitre 3, la Halakhah, c'est-à-dire le système de lois du judaïsme classique — tel qu'il fut pratiqué par presque tous les juifs du IXe siècle à la fin du XVIIIe et s'est maintenu jusqu'à nos jours sous la forme du judaïsme orthodoxe — se fonde à l'origine sur le Talmud babylonien. Cependant la complexité et la lourdeur des disputes juridiques reportées dans le Talmud rendit nécessaires des compilations plus maniables de ce droit, tâche à laquelle se sont consacrées des générations de docteurs rabbiniques. Certaines de ces compilations ont acquis une grande autorité et sont utilisées couramment. Pour ces raisons, nous nous référerons la plupart du temps à des ouvrages de ce genre (ainsi qu'à leurs commentaires les plus estimés) plutôt qu'au Talmud directement.

Mais l'on peut supposer à juste titre que la compilation prise comme référence reproduit fidèlement le sens du texte talmudique et des additions apportées par les docteurs des générations suivantes sur la base de ce sens.

Le premier code de la loi talmudique, qui demeure d'une importance fondamentale, est la Mishneh Torah, écrite par Moïse Maimonide à la fin du XIIe siècle. Celui qui fait le plus autorité, très utilisé jusqu'aujourd'hui comme manuel, est le Shulhan 'Arukh [la Table mise] de Joseph Caro (fin du XVIe siècle) — abrégé à l'usage du peuple de son Beït Iosef [la Maison de Joseph], commentaire volumineux destiné aux érudits. De nombreux commentaires ont été à leur tour écrits sur le Shulhan 'Arukh, notamment au XVIIe siècle ; mais il en existe un, datant de notre siècle, qui a son importance : la Mishnah Berurah. Enfin, l'Encyclopédie talmudique [en hébreu] — compilation publiée en Israël à partir des années 1950, par les soins des plus importants spécialistes rabbiniques orthodoxes du pays — est un bon compendium de l'ensemble de la littérature talmudique.

Meurtre et génocide

Selon la religion judaïque, le meurtre d'un juif est un crime capital et l'un des trois péchés les plus abominables (à côté de l'idolâtrie et de l'adultère). Les tribunaux religieux et les autorités séculières juifs ont l'ordre de punir, même au-delà de leur ressort ordinaire, tout meurtrier d'un juif.

Toutefois, le juif qui cause indirectement la mort d'un autre juif n'est coupable, au regard de la loi talmudique, que d'un "péché contre les lois du Ciel", punissable par Dieu et non par l'homme.

Le cas est tout à fait différent si la victime est un gentil. Le juif qui tue délibérément un gentil n'est coupable que d'un péché contre les lois du Ciel, non punissable par un tribunal[91]. Quant à être la cause indirecte de la mort d'un gentil, ce n'est pas un péché du tout[92].

---

[91] Maimonide, Mishneh Torah, "Lois sur les meurtriers" 2, 11 ; Encyclopédie talmudique, article "Goy".

[92] R. [= Rabbi] Yo'el Sirkis, Bayit Hadash, commentaire de la Maison de Joseph, "Yoreh De'ah" 158. Ces deux dernières règles s'appliquent même si la victime est ger toshav, c'est-à-dire un "étranger résident" qui s'est engagé,

Ainsi, l'un des plus importants commentateurs du Shulhan 'Arukh explique que s'agissant d'un gentil, « l'on ne doit pas lever la main pour lui nuire, mais on peut lui nuire indirectement, par exemple en enlevant une échelle quand il est tombé dans un trou [...] il n'y a pas d'interdiction ici, puisque ce n'a pas été fait directement[93]. » Toutefois, ce même commentateur insiste sur le fait qu'un acte provoquant indirectement la mort d'un gentil est interdit, si cela risque de répandre l'hostilité envers les juifs[94].

Le meurtrier gentil qui tombe sous une juridiction juive doit être exécuté, que la victime soit juive ou pas. Toutefois, si la victime est un gentil et que le meurtrier se convertit au judaïsme, il n'est pas puni[95].

Tout cela a un rapport direct et pratique avec les réalités de l'État d'Israël. Si le code pénal israélien ne fait aucune distinction entre juif et gentil, les rabbins orthodoxes, quant à eux, la font, lorsqu'ils s'inspirent de la Halakhah pour conseiller leurs fidèles — notamment ceux qui servent dans l'armée.

L'interdiction, même la plus restrictive, de tuer un gentil délibérément ne s'appliquant qu'aux « gentils avec qui nous [juifs] ne sommes pas en guerre », de nombreux commentateurs

---

devant trois témoins juifs, à observer les "sept préceptes noachiques" (les commandements donnés à Noé qui, selon le Talmud, concernent les gentils).

[93] R. David Halevi (Pologne, XVIIe siècle), Tureï Zahav sur Shulhan 'Arukh, "Ioreh De'ah" 158.

[94] Ibidem.

[95] Encyclopédie talmudique, article "Ger" (= converti [au judaïsme]).

rabbiniques du passé sont arrivés logiquement à la conclusion qu'en temps de guerre, tous les gentils appartenant à une population ennemie peuvent, ou même doivent être tués [96]. Depuis 1973, cette "doctrine" est propagée publiquement à l'intention des militaires israéliens religieux. La première de ces exhortations officielles apparaît dans une brochure éditée par le commandement Région centre de l'armée israélienne, dont le domaine d'action comprend la Cisjordanie. Dans ce petit livre, le grand-rabbin du corps d'armée écrit :

« Quand au cours d'une guerre, ou lors d'une poursuite armée ou d'un raid, nos forces se trouvent devant des civils dont on ne peut être sûr qu'ils ne nous nuiront pas, ces civils, selon la Halakhah, peuvent et même doivent être tués [...] En aucun cas l'on ne peut faire confiance à un arabe, même s'il a l'air civilisé [...] En guerre, lorsque nos troupes engagent un assaut final, il leur est permis et ordonné par la Halakhah de tuer même des civils bons, c'est-à-dire les civils qui se présentent comme tels[97]. »

---

[96] Voir par exemple R. Shabbtay Kohen (milieu du XVIIe siècle), Sifteï Kohen sur Shulhan 'Arukh, "Ioreh De'ah" 158 : « Mais en temps de guerre la coutume était de les tuer de sa propre main, car il est dit : Le meilleur des gentils — tuez-le ! » Sifteï Kohen et Tureï Zahaï (voir note 3) sont les deux principaux commentaires "classiques" du Shulhan 'Arukh.

[97] Rabbin colonel A. Avidan (Zemel), « Tohar hannesheq le'or hahalakhah » ("La pureté des armes à la lumière de la Halakhah"), in Be'iqvot milhemet yom hakkipurim — pirqeï hagut, halakhah umehqar (Après la guerre de Yom Kippur — Chapitres de méditation, de Halakhah et de recherche), Commandement de la région centre, 1973 : cité in Ha'olam Hazzeh, 5 janvier 1974 ; cité également par David Shaham, "A chapter of meditation", Hotam, 28 mars 1974 ; et par Amnon Rubinstein, "Who falsifies the Halakhah ?", Ma'ariv, 13 octobre 1975. Rubinstein signale que l'opuscule fut par la suite retiré de la circulation sur

Le même "enseignement" est exposé dans l'échange de correspondance suivant entre un jeune soldat israélien et son rabbin : publié dans l'annuaire d'une des plus prestigieuses grandes écoles religieuses du pays, Midrashiyyat No'am, dont sont issus de nombreux dirigeants et militants du Parti national religieux et de Gush Emunim[98].

Lettre du soldat Moshé au rabbin Shimon Weiser :

« Avec l'aide de Dieu et en Son honneur,

mon cher Rabbi,

« D'abord, comment allez-vous, vous-même et votre famille ?

J'espère que tout va bien. Cela fait longtemps que je n'ai pas écrit. Je vous prie de me pardonner. Parfois je me souviens du verset "quand irai-je voir la face de Dieu[99] ?" J'espère, sans en être certain, que j'irai vous voir pendant une de ces permissions. Il faut que je le fasse.

---

ordre du chef d'État-Major, celui-ci craignant probablement qu'il n'encourage la désobéissance à ses propres ordres ; Rubinstein juge cependant regrettable que rabbi Avidan n'ait pas été traduit devant un tribunal militaire, et qu'aucun rabbin — militaire ou civil — ne se soit élevé contre ce qu'il avait écrit.

[98] R. Shim'on Weiser, "La pureté des armes — un échange de lettres", in Niv Hammidrashiyyah Yearbook de Midrashiyyat No'am, 1974, p. 29-31. Cet annuaire ("Yearbook") est publié en hébreu, en anglais et en français, mais les documents cités ici sont parus uniquement en hébreu.

[99] Psaumes, 42,2.

« Il y a eu dans notre groupe un débat sur la "pureté des armes", et nous avons discuté s'il est permis de tuer des hommes sans armes — ou des femmes et des enfants ? À moins, peut-être, que nous ne devions nous venger sur les arabes ? Puis chacun a répondu selon sa propre idée. Je ne peux arriver à une décision claire : faut-il traiter les arabes comme les Amalécites, c'est-à-dire qu'il est permis de les tuer délibérément [murder] [sic] jusqu'à ce que leur souvenir soit effacé de dessous le ciel[100], ou faut-il peut-être agir comme dans une guerre juste, où l'on ne tue que les soldats ?

« J'ai un second problème : m'est-il permis de m'exposer moi-même pour sauver la vie d'une femme ? Car il y a eu des cas où des femmes lançaient des grenades. Ou encore m'est-il permis de donner de l'eau à un arabe qui a levé les mains [en signe de reddition] ? Car il y a des raisons de craindre qu'il cherche seulement à me tromper et qu'il me tuera : cela s'est produit.

« Je conclus sur un salut chaleureux au rabbi et à toute sa famille. — Moshé. »

Réponse de rabbi Shimon Weiser à Moshé

« Avec l'aide du Ciel, cher Moshé, mes salutations.

« Je commence cette lettre ce soir, mais je sais que je ne pourrai la terminer aujourd'hui, car je suis pris, et car je voudrais aussi en faire une longue lettre, afin de répondre pleinement à tes

---

[100] « Tu effaceras le souvenir d'Amalek de dessous les cieux », Deutéronome, 25 :19. Cf. aussi Samuel I, 15 :3 : « Maintenant, va, frappe Amalek, détruis tout ce qu'ils possèdent et ne les épargne pas ; tue hommes et femmes, enfants et nourrissons, bœufs et brebis, chameaux et ânes. »

questions, et pour cela je vais devoir recopier certaines choses dites par nos sages, d'heureuse mémoire, et les interpréter[101].

« Selon la coutume des nations non-juives la guerre a ses propres règles, comme un jeu, comme les règles du basket-ball ou du football, par exemple. Mais selon les dires de nos sages, d'heureuse mémoire,

[…] la guerre, pour nous, n'est pas un jeu mais une nécessité vitale, et c'est l'unique principe qui doit nous guider pour décider comment la mener. D'une part […] l'enseignement est, apparemment, que si un juif tue délibérément un gentil, il est considéré comme un meurtrier, et — hormis le fait qu'aucun tribunal n'a le droit de le punir — la gravité de son acte est égale à celle de tout autre meurtre. Mais nous trouvons chez les mêmes autorités, à un autre endroit […] que le rabbin Shim'on avait accoutumé de dire : "Le meilleur des gentils — tue-le ; le meilleur des serpents — écrase-lui la cervelle."

« Mais peut-être que le mot "tuer", dans cette sentence de rabbi Shim'on, est employé seulement dans un sens figuré, et non littéralement : il signifierait alors "opprimer" ou quelque attitude semblable, et de cette façon on éviterait la contradiction avec les autorités citées plus haut ? Ou bien l'on pourrait soutenir que cet adage, même dans son sens littéral, exprime [uniquement] son avis personnel, contesté par d'autres sages [cités auparavant]. Or, la véritable explication, nous la trouvons dans les Tosafot[102]. Là […]

---

[101] Nous épargnerons au lecteur la plupart de ces références alambiquées aux sources talmudiques et rabbiniques. Ces suppressions sont indiquées par des petits points entre crochets […] Mais les conclusions qu'en tire le rabbin Weiser sont reproduites in extenso.

[102] Les Tosafot (littéralement Addenda) sont un recueil d'interprétations du Talmud remontant aux XIe-XIIIe siècles.

nous avons une explication du précepte talmudique sur le cas du gentil qui tombe dans un puits : il ne faut pas l'aider à en sortir, dit le Talmud, mais il ne faut pas non plus l'y pousser pour le tuer, ce qui signifie, vis-à-vis des gentils, qu'il ne faut ni les sauver de la mort ni les tuer directement. Les Tosafot, donc, écrivent à ce sujet : "Et si l'on objecte qu'il est dit ailleurs Le meilleur des gentils — tue-le, la réponse est que ce [dernier] adage s'applique au temps de guerre." [...]

« Selon les auteurs des Tosafot, il faut faire une distinction entre le temps de guerre et la paix : donc il est interdit de tuer des gentils en temps de paix, mais si le cas se présente au cours d'une guerre, c'est une mitzvah [un impératif religieux] de les tuer.

[...]

« Et voici la différence entre un juif et un gentil : bien que la règle "Quiconque vient te tuer, tue-le d'abord" vaille aussi pour un juif, comme il est dit dans le traité Sanhedrin [du Talmud], page 72a, elle ne doit être appliquée évidemment que s'il y a motif [actuel] de craindre que cette personne veut vous tuer. Or, en temps de guerre, c'est ce que l'on redoute normalement d'un gentil, sauf s'il est évident qu'il n'a aucune mauvaise intention. Ceci, c'est la règle de la "pureté des armes" selon la Halakhah — et non selon la conception étrangère maintenant acceptée dans l'armée israélienne et qui a été la cause de nombreuses pertes [juives]. Je te joins une coupure de journal : c'est le discours prononcé la semaine dernière à la Knesset par rabbi Kalman Kahane, il montre avec beaucoup de vérité — et aussi de douleur — comment cette "pureté des armes" a provoqué des morts.

« Je m'arrête ici, en espérant que tu n'auras pas été rebuté par la longueur de cette lettre. Nous discutions déjà de cette question avant l'arrivée de ta lettre, mais celle-ci m'a poussé à exposer par écrit tout le sujet.

« Sois en paix, toi et tous les juifs, et [j'espère] à bientôt, comme tu dis. Bien à toi — Shim'on. »

Réponse de Moshé au rabbin Shim'on Weiser.

« En Son honneur, mon cher Rabbi,

« J'espère d'abord que vous êtes en bonne santé ainsi que votre famille et que tout va bien pour vous.

« J'ai reçu votre longue lettre et je vous remercie de l'attention personnelle que vous m'accordez, car je suppose que vous écrivez à beaucoup de monde, et que la plus grande partie de votre temps est prise par vos études dans votre domaine.

« Ceci redouble ma reconnaissance envers vous.

« Quant à la lettre elle-même, je l'ai comprise ainsi :

« En temps de guerre, il m'est non seulement permis, mais ordonné de tuer tout arabe, homme ou femme, sur lequel je tombe, s'il y a lieu de craindre qu'ils soutiennent, directement ou indirectement, la guerre menée contre nous. Et en ce qui me concerne, je dois les abattre même si cela peut me créer des ennuis avec la justice militaire. Je pense qu'il faudrait transmettre cette question de la pureté des armes aux établissements d'enseignement, du moins aux établissements religieux, pour qu'ils adoptent une position sur le sujet et ne s'égarent pas dans les vastes champs de la "logique"[103], surtout sur ce sujet ; et il faut expliquer la règle telle qu'elle doit être observée dans la pratique. Car, je regrette de le dire, j'ai vu ici différentes espèces de "logique", même chez les camarades religieux. J'espère bien que

---

[103] "La logique c'est une chose, ici c'est l'armée !". Réplique traditionnelle dans l'armée israélienne, comme probablement dans toutes les armées. (N. d. T.)

vous allez entreprendre quelque chose pour que nos hommes connaissent clairement et sans ambiguïté la ligne de conduite de leurs ancêtres.

« Je m'arrête ici, en espérant qu'à la fin de cette période [d'instruction], dans un mois environ, je pourrai aller à la yeshivah [école supérieure talmudique]. Mes salutations — Moshé. »

Il est évident que cette doctrine de la Halakhah sur le meurtre est complètement contraire, en principe, non seulement au droit pénal israélien mais aussi — comme ces lettres y font allusion — aux règlements militaires officiels. Il n'empêche qu'en pratique, elle exerce certainement une influence sur l'administration de la justice, notamment par les autorités militaires. De fait, chaque fois que, dans un contexte militaire ou paramilitaire, des juifs ont tué délibérément des arabes non combattants — y compris les cas de massacre comme celui de Kafr Qasim en 1956 — les meurtriers, soit n'ont pas été inquiétés, soit ont été condamnés à des peines symboliques, ou ont obtenu d'énormes remises de peine, réduisant celle-ci à presque rien[104].

---

[104] Des personnes coupables de tels crimes ont même pu s'élever jusqu'à de hautes fonctions publiques. C'est le cas par exemple de Shmu'el Lahis, responsable du massacre de 50 à 75 paysans arabes enfermés dans une mosquée après la conquête de leur village par l'armée israélienne lors de la guerre de 1948-1949. Il subit un procès pour la forme, puis fut entièrement amnistié grâce à l'intercession de Ben Gourion. Lahis devint un avocat respecté et, à la fin des années 70, fut nommé directeur général de l'Agence juive (qui est, de fait, la direction du mouvement sioniste). Au début de 1978, les faits concernant son passé furent "déballés" en long et en large par la presse israélienne, mais aucun rabbin ni aucune autorité intellectuelle rabbinique ne remit en question la grâce dont il avait bénéficié, ni son aptitude à occuper ses nouvelles fonctions. Et sa nomination fut maintenue.

Sauver la vie

Ce sujet — la valeur suprême de la vie humaine et l'obligation de la part de tout être humain de faire tout son possible pour sauver la vie d'un de ses semblables — est d'une importance évidente. Il présente aussi un intérêt particulier dans un contexte juif, puisque depuis la Deuxième Guerre mondiale, l'opinion publique juive a — dans certains cas à juste titre, dans d'autres injustement — condamné "le monde entier", ou du moins l'Europe entière pour non-assistance aux juifs que l'on était en train de massacrer.

Examinons donc ce que la Halakhah dit sur ce sujet.

Selon la Halakhah, sauver la vie d'un autre juif est un devoir suprême [105] ; il prime sur toutes les autres obligations et interdictions religieuses, excepté l'interdit frappant les trois péchés les plus abominables — l'adultère (qui inclut l'inceste), le meurtre et l'idolâtrie.

Vis-à-vis des gentils, le principe talmudique fondamental est que leurs vies ne doivent pas être sauvées, même s'il est défendu de les tuer délibérément. Ce que le Talmud lui-même[106] exprime par la maxime :

---

[105] Shulhan 'Arukh, « Hoshen Mishpat » 426.

[106] Traité 'Avodah Zarah, p. 26b.

« Quant aux gentils, il ne faut ni les retirer [d'un puits] ni les pousser [dedans] ». Maimonide[107] explique :

« Quant aux gentils avec qui nous ne sommes pas en guerre [...] il ne faut pas causer leur mort, mais il est interdit de les sauver s'ils sont en danger de mort ; si, par exemple, on voit l'un d'eux tomber dans la mer, il ne faut pas se porter à son secours, car il est écrit : « et tu ne te mettras pas contre le sang de ton prochain[108] » — mais il [le gentil] n'est pas ton prochain. »

En particulier, un médecin juif ne doit pas soigner un malade non juif.

Maimonide — qui fut lui-même un médecin illustre — est très clair là-dessus ; dans un autre passage[109] il réaffirme la distinction entre "ton prochain" et un gentil, et conclut : « et donc apprenez qu'il est interdit de guérir un gentil même contre paiement [...] »

Toutefois, le refus de la part d'un juif — et notamment d'un médecin juif — de sauver la vie d'un gentil risque, si la chose se sait, de susciter l'hostilité de non-juifs puissants et, partant, de mettre des juifs en danger.

L'obligation de parer à un tel danger, s'il existe, l'emporte sur la défense d'aider ce gentil. Aussi Maimonide poursuit-il : « [...] cependant si vous le craignez, ou que vous redoutiez son

---

[107] Maimonide, op. cit., « Meurtriers » 4, 11.

[108] Lévitique, 19 :16. À propos de la version « ton prochain », cf. note 41, chapitre 3, page 83.

[109] Maimonide, op. cit., « Idolâtrie » 10, 1-2.

hostilité, soignez-le contre paiement, mais il est interdit de le faire sans rétribution. » De fait, Maimonide lui-même était le médecin personnel de Saladin. Son insistance sur l'exigence d'un paiement — probablement pour bien veiller à ce que cet acte ne relève pas de la charité mais de la contrainte — n'est pourtant pas absolue. Car dans un autre passage, il permet de soigner « même gratis, si cela s'impose », un gentil dont l'hostilité est à redouter.

Toute cette doctrine — interdiction de sauver la vie à un gentil et suspension de cette interdiction en cas de possibles réactions hostiles — est répétée presque mot pour mot dans les autres œuvres faisant autorité, notamment, au XIVe siècle, dans l'Arba'ah Turim, ainsi que dans le Beït Iosef et le Shulhan 'Arukh[110] de Caro. Le Beït Iosef ajoute, citant Maimonide : « Et il est permis de faire l'essai d'un remède sur un païen, si cela sert à quelque chose », principe que reprend aussi le célèbre rabbin Moses Isserles.

Les autorités halakhistes s'accordent pour considérer que le terme "gentils", dans cette doctrine, désigne tous les non-juifs. Seul un de ces docteurs, le rabbin Moses Rivkes, auteur d'un commentaire mineur du Shulhan 'Arukh, a émis une opinion divergente[111] :

> « Nos sages, écrit-il, ont dit cela uniquement à propos des païens qui, à leur époque, adoraient des idoles et ne croyaient pas dans l'Exode des juifs d'Égypte ou dans la création du monde ex nihilo. Mais les gentils, dans l'ombre [protectrice] desquels nous,

---

[110] Dans les deux ouvrages de Caro, à la section "Yoreh De'ah" 158. Le Shulhan 'Arukh expose à nouveau la même doctrine à "Hoshen Mishpat" 425.

[111] Moses Rivkes, Be'er Haggolah sur Shulhan 'Arukh, "Hoshen Mishpat" 425.

le peuple d'Israël, sommes exilés et parmi lesquels nous sommes dispersés, croient dans la création du monde ex nihilo et dans l'Exode et dans plusieurs principes de notre propre religion, et ils prient le Créateur du ciel et de la terre [...] Non seulement il n'existe aucune interdiction de les aider, mais nous avons même l'obligation de prier pour leur sécurité. »

Ce passage, qui date de la seconde moitié du XVIIe siècle, est une citation favorite des apologistes érudits[112]. En réalité, il ne va pas aussi loin que le prétend l'apologétique, puisqu'il prône de lever l'interdiction de sauver la vie à un gentil, et non pas de rendre cet acte obligatoire comme dans le cas d'un juif ; d'ailleurs, ce libéralisme ne s'étend qu'aux chrétiens et aux musulmans, pas à la majorité des êtres humains. Ce que cet avis de Rivkes montre surtout, c'est qu'il existait une possibilité de libéraliser peu à peu la doctrine rigoureuse de la Halakhah. Mais la plupart des autorités halakhistes ultérieures, loin de continuer dans cette voie en étendant la clémence de Rivkes aux autres groupes humains, l'ont rejetée totalement.

Profaner le sabbat pour sauver la vie

Profaner le sabbat — c'est-à-dire effectuer un travail qui est en principe interdit le samedi — devient un devoir si cela est nécessaire pour sauver la vie d'un juif.

---

[112] Ainsi le professeur Jacob Katz, dans son ouvrage en hébreu Entre Juifs et Gentils, ainsi que dans sa version anglaise, plus nettement apologétique, Exclusiveness and Tolerance, ne cite textuellement que ce passage, dont il tire cette conclusion stupéfiante : « pour ce qui est de l'obligation de sauver la vie, aucune discrimination ne doit être faite entre juif et chrétien ». En revanche, il ne cite aucune des grandes autorités auxquelles je me réfère ci-dessus et dans le sous-chapitre suivant.

Quant à sauver la vie d'un gentil le jour du sabbat, le Talmud n'en fait pas une question centrale, puisque de toute façon c'est interdit même pendant la semaine ; néanmoins ce point a donné lieu à des arguties infinies, pour deux ordres de raisons.

Premièrement : si c'est un groupe de personnes qui est en danger de mort un samedi, et qu'il y a peut-être (même si ce n'est pas certain) au moins un juif parmi elles, faut-il profaner le sabbat pour les sauver ? C'est un problème qui se pose effectivement, et qui a été traité. S'inspirant d'autorités plus anciennes, dont Maimonide et le Talmud lui-même, le Shulhan 'Arukh[113] tranche les cas de ce genre selon la loi des probabilités. Supposons, par exemple, que neuf gentils et un juif habitent le même immeuble. Un samedi, celui-ci s'écroule ; l'un des dix — on ne sait lequel — était alors absent, mais les neuf autres sont sous les décombres.

Doit-on déblayer, et donc profaner le sabbat, alors que le juif est peut-être celui qui s'est absenté ? Le Shulhan 'Arukh dit qu'il faut déblayer, sans doute parce qu'il y a de fortes chances que le juif se trouve sous les gravats (neuf contre une). Mais maintenant supposons que neuf étaient alors sortis et qu'un seul — ici encore, on ignore lequel — soit resté à la maison. Dans ce cas, les travaux ne s'imposent pas, probablement parce que cette fois, il y a de fortes chances (neuf contre une) que le juif ne soit pas la personne coincée sous les décombres. De même : « Si l'on voit qu'un bateau transportant des juifs est en détresse, c'est un devoir pour tout un chacun de profaner le sabbat afin de le sauver. » Cependant, aux termes d'un commentaire du célèbre rabbin

---

[113] Maimonide, op. cit., "Sabbat" 2, 20-21 ; Shulhan 'Arukh, "Orah Hayyim" 329.

'Aqiva Eiger (mort en 1837), cette règle ne vaut que « lorsque l'on sait qu'il y a des juifs à bord. Mais [...] si l'on ignore tout de l'identité des passagers, [le sabbat] ne doit pas être profané, car [...] la plupart des gens dans le monde sont des gentils[114]. » Ainsi, comme il est très peu probable qu'aucun des passagers soit juif, il faut les laisser se noyer.

En second lieu, le sabbat restreint la portée de la disposition autorisant à sauver ou à soigner un gentil pour éviter des réactions hostiles. Pendant la semaine, le juif à qui l'on demande d'aider un gentil est dans une certaine mesure obligé d'obtempérer : avouer qu'il ne lui est pas permis, en principe, de sauver la vie d'un gentil susciterait l'hostilité. Le samedi, en revanche, l'observance du sabbat peut être invoquée comme une excuse plausible. Un cas exemplaire, discuté en long et en large par le Talmud [115], est celui de la sage-femme juive priée d'accoucher une non-Juive. Il en ressort que cette sage-femme peut accorder son assistance un jour de semaine, « de crainte d'hostilités », mais que le samedi, elle doit refuser, car elle peut s'excuser en disant : « Il ne nous est permis de profaner le sabbat que pour les nôtres, qui eux aussi sanctifient le sabbat ; mais pour les vôtres, qui ne l'observent pas, nous n'avons pas cette autorisation. »

S'agit-il d'une explication authentique ou d'une pure excuse ? Maimonide estime clairement que c'est une simple

---

[114] R.'Aqiva Eiger, commentaire du Shulhan 'Arukh, ibidem. Eiger ajoute aussi que si l'on trouve un nourisson abandonné dans une ville habitée principalement par des gentils, il faut consulter un rabbin pour savoir si cet enfant doit être sauvé.

[115] Traité 'Avodah Zarah, p. 26.

excuse — qui peut être invoquée même si la tâche demandée à la sage-femme n'implique pas, en fait, une profanation du sabbat. Même dans ce cas, l'excuse sera acceptée, sans doute parce qu'en règle générale, les gentils ne sont guère fixés sur le genre précis des travaux interdits aux juifs le samedi. Quoi qu'il en soit, il décrète : « Il ne faut pas assister, même contre paiement, une femme non juive en couches le jour du sabbat ; l'on ne doit pas non plus craindre l'hostilité, quand bien même il n'y aurait pas [par une telle aide] profanation du sabbat. » Le Shulhan 'Arukh formule le même jugement[116].

Néanmoins l'on ne pouvait pas toujours compter sur l'efficacité de ce type d'excuse pour conjurer l'hostilité des gentils. Certaines autorités rabbiniques, et non des moindres, mirent donc de l'eau dans leur vin et autorisèrent les médecins juifs à soigner des gentils le samedi, même si cela impliquait l'accomplissement d'activités normalement interdites ce jour-là.

Cet adoucissement des règles concernait surtout les malades non juifs riches et puissants, qu'il n'était pas si facile de berner et dont l'hostilité pouvait être redoutable.

---

[116] Maimonide, op. cit., "Sabbat" 2, 12 ; Shulhan 'Arukh, "Orah Hayyim" 330. Ce dernier texte emploie le mot "païen" plutôt que "gentil", mais certains commentateurs, comme le Tureï Zahav, soulignent que ce jugement s'applique « même aux Ismaélites [c'est-à-dire aux musulmans] qui ne sont pas idolâtres ». Sur cette question, il n'est pas fait mention explicite des chrétiens ; mais ils sont forcément, voire à plus forte raison, visés par cet arrêt, puisque — comme nous le verrons bientôt — l'islam est considéré sous un jour plus favorable que le christianisme. Voir aussi les responsa (Responsum (pluriel, responsa) : décision écrite d'une autorité rabbinique sur une question ou un problème qui lui a été soumis (Webster's Third New International Dictionary) (N.d.T.). de Hatam Sofer cités plus bas.

Ainsi, Joël Sirkis, l'auteur de Bayit Hadash et l'un des plus grands rabbins de son temps (Pologne, XVIIe siècle), décréta que « les maires, les nobles et les magnats » doivent être soignés le jour du sabbat, leur hostilité pouvant comporter « quelque danger » ; mais dans les autres cas, surtout si une excuse évasive suffit, le médecin juif commettrait « un péché insupportable » en soignant un gentil ce jour-là. Quelques années plus tard, un arrêt semblable fut rendu dans la ville de Metz, dont les deux rives étaient reliées par un pont flottant. Normalement, un juif ne doit pas traverser un pont flottant le jour du sabbat ; mais le rabbin de Metz décida qu'un médecin juif le peut, « s'il est appelé auprès du grand gouverneur » [= l'intendant de Lorraine] ; le médecin en question, au vu et au su de toute la ville, passait ce pont pour se rendre chez ses patients juifs : ne pas en faire autant pour le "gouverneur" aurait pu susciter une grave hostilité. Cela se passait sous Louis XIV, et il était évidemment important d'être dans les bonnes grâces de son intendant ; les sentiments du commun des gentils comptaient peu[117].

---

[117] Ces deux exemples, de Pologne et de Lorraine, ont été rapportés en 1950 par le rabbin I.Z. Cahana (depuis professeur de Talmud à l'université religieuse Bar-Ilan, Israël) dans son article « La médecine dans la littérature halakhiste post-talmudique », Sinai, vol. 27, 1950, p. 221. Il signale aussi le cas suivant, dans l'Italie du XIXe siècle. Jusqu'en 1848, une loi des États du pape interdisait aux médecins juifs de soigner des gentils. Elle fut abolie par la République romaine de 1848, ainsi que toutes les autres lois discriminatoires à l'égard des juifs. Mais en 1849, le corps expéditionnaire envoyé par le président français L.N. Bonaparte (depuis empereur Napoléon III) mit fin à la république romaine et restaura le pape Pie IX, qui dès 1850 remit en vigueur les lois antijuives. Les chefs de la garnison française, indignés par une telle réaction, engagèrent aussitôt des médecins juifs pour soigner leurs hommes. L'on demanda au grand-rabbin de Rome, Moshé Hazan, docteur en médecine, si l'un de ses disciples, médecin lui aussi, pouvait prendre dans un hôpital militaire français des fonctions susceptibles de l'obliger à profaner le sabbat. Le rabbin répondit que

Hokhmat Shlomoh, commentaire du Shulhan 'Arukh datant du XIXe siècle, mentionne une interprétation tout aussi stricte du concept d'"hostilité" en ce qui concerne la petite secte hérétique juive des caraïtes.

Selon cette opinion, il ne faut pas leur sauver la vie si cela entraîne une violation du sabbat, « car l'"hostilité" ne vaut que pour les païens qui sont nombreux contre nous, et notre sort est entre leurs mains [...] Mais les caraïtes sont peu nombreux et notre sort n'est pas entre leurs mains, [aussi] la crainte d'une hostilité ne les concerne pas du tout[118]. » D'ailleurs, la défense absolue de profaner le sabbat pour sauver un caraïte est toujours en vigueur aujourd'hui, comme nous le verrons.

Toute cette question est discutée en détail dans les responsa de Moshé Sofer — plus connu sous le nom de "Hatam Sofer" — le fameux rabbin de Pressbourg (Bratislava) mort en 1832. Ses conclusions présentent un intérêt plus qu'historique puisqu'en 1966 le Grand-Rabbin d'Israël a publiquement souscrit à l'une d'elles, en la qualifiant d' » institution fondamentale de la Halakhah[119] ». La question soumise à Hatam Sofer portait sur la

---

si on l'engageait à la condition expresse qu'il exerçât même le samedi, il devait refuser. Sinon, il pouvait accepter et user de « la grande intelligence des juifs croyants ». Par exemple, renouveler pour le samedi l'ordonnance prescrite le vendredi, en signalant simplement la chose au pharmacien. L'article franc du rabbin Cahana, qui cite beaucoup d'autres exemples, est cité dans la bibliographie d'un livre de l'ancien grand-rabbin de Grande-Bretagne, Immanuel Jakobovits, Jewish Medical Ethics, Bloch, New York, 1962 ; mais rien n'est dit sur ce sujet dans le corps même de son livre.

[118] Hokhmat Shlomoh sur le Shulhan 'Arukh, "Ioreh De'ah" 131.

[119] R. Unterman, Ha'aretz, 4 avril 1966. Unterman n'a fait qu'une seule réserve — après avoir été soumis à des pressions continuelles — en ajoutant qu'à notre

situation en Turquie, où il fut décrété lors d'une guerre que toute commune ou village devait avoir des sages-femmes de garde, prêtes à tour de rôle à assister toute femme en travail. Certaines de ces sages-femmes étaient juives : devaient-elles s'engager à assister les femmes des gentils tel ou tel jour de la semaine et aussi le jour du sabbat ?

Dans son responsum [120], Hatam Sofer, après un examen minutieux, conclut non seulement que les gentils en question — c'est-à-dire les chrétiens et les musulmans ottomans — sont des idolâtres, « qui adorent clairement d'autres dieux et donc ne doivent être "ni retirés [du fameux puits] ni poussés dedans" », mais va jusqu'à les assimiler aux Amalécites, ce qui signifie que le jugement talmudique « il est interdit de multiplier la descendance d'Amalek » s'applique aussi à eux. En principe, donc, il ne faudrait pas les assister, même pendant la semaine. Cependant, il est « permis » de soigner des gentils et d'assister leurs femmes en couches, si ceux-ci peuvent faire appel aussi à des médecins et des sages-femmes de leurs nations ; dans ce cas, en effet, le seul résultat d'un refus de la part du médecin ou de la sage-femme juifs serait de leur faire perdre de l'argent — ce qui n'est évidemment pas souhaitable. Et cela vaut aussi bien pour les jours de semaine que pour le sabbat (pourvu qu'il n'y ait pas profanation de celui-ci). Toutefois, dans ce dernier cas, le sabbat peut être invoqué comme excuse « pour faire accroire à la femme païenne que cela [l'accoucher] entraînerait un violation du sabbat ».

époque tout refus d'accorder des soins médicaux à un gentil pourrait susciter une hostilité dangereuse pour les juifs.

[120] Hatam Sofer, Responsa sur le Shulhan 'Arukh, "Ioreh De'ah" 131.

Pour les cas qui impliquent effectivement une profanation du sabbat, Hatam Sofer — à l'instar des autres autorités — distingue deux catégories de travaux visés par l'interdit sabbatique. 1) Les travaux interdits par la Torah, la loi de la Bible (telle qu'elle est interprétée par le Talmud) : on ne peut les accomplir que dans des situations tout à fait exceptionnelles, où le refus d'agir provoquerait un danger extrême d'hostilité à l'égard des juifs. 2) Les activités que les sages ont interdites par extrapolation à partir de la Torah : dans ce cas, la tendance est à l'indulgence.

L'on doit aussi à Hatam Sofer un arrêt[121] sur cette grave question : est-il permis à un médecin juif de se déplacer en voiture le jour du sabbat pour se rendre au chevet d'un gentil ? Hatam Sofer signale d'abord qu'à certaines conditions, se déplacer en voiture hippomobile le jour du sabbat ne viole après tout qu'un interdit prononcé « par les sages », et non par la Torah ; puis il rappelle la position de Maimonide — défense d'assister une femme non juive en travail un samedi, même si cela n'implique aucune violation du sabbat — et déclare que ce principe s'applique non seulement à l'obstétrique mais à tous les aspects de l'art médical. Toutefois, ajoute-t-il, si cette règle était mise en pratique « elle susciterait une hostilité peu souhaitable », car « les gentils n'accepteraient pas l'excuse de l'observance du samedi » et « diraient que le sang d'un idolâtre n'a guère de valeur à nos yeux ». De plus, hypothèse à ne pas négliger, les médecins de ces nations pourraient se venger de cette attitude sur leurs patients juifs. Il faut trouver de meilleures excuses. Hatam Sofer conseille donc au médecin juif qui est appelé un samedi au chevet d'un gentil habitant hors la ville, de répondre qu'il est

---

[121] Op. cit., sur Shulhan 'Arukh, "Hoshen Mishpat" 194.

retenu par ses autres patients ; « il peut se servir de cela pour dire : "Je ne puis bouger d'ici à cause de l'état de tel ou tel patient qui nécessite des soins urgents, je ne peux quand même pas abandonner mes malades" [...] Avec une telle excuse, il n'y a pas de danger à craindre, car c'est un prétexte raisonnable, couramment invoqué par les médecins qui tardent à arriver lorsqu'un autre patient a eu besoin d'eux d'abord. » Bref, notre docteur n'est autorisé à se déplacer en voiture un jour de sabbat que « s'il est impossible de fournir une excuse ».

L'essentiel, dans toute cette dissertation, ce sont donc les excuses à trouver, et non les soins à apporter au malade ou son bien-être. Et, du début à la fin, c'est un point admis qu'il n'y a rien de répréhensible à tromper les gentils plutôt qu'à les soigner, si cela ne déclenche pas d'"hostilité"[122].

Il est clair que de nos jours, la plupart des médecins juifs ne sont pas religieux et ignorent tout de ces règles. Quant à ceux qui sont pratiquants, beaucoup préfèrent — ce qui est tout à leur honneur — se conformer au serment d'Hippocrate plutôt qu'aux préceptes de leurs rabbins fanatiques[123]. Cependant, ces rabbins

---

[122] R. B. Knobelovitz, in The Jewish Review (revue du parti Mizrahi en Grande-Bretagne), 8 juin 1966.

[123] R. Israel Me'ir Kagan — le "Hafetz Hayyim" — déclare amèrement dans sa Mishnah Berurah, écrite en Pologne en 1907 : « Et sachez que la plupart des médecins, même les plus pieux, ne tiennent aucun compte de cette loi ; car ils travaillent le jour du sabbat et franchissent des parasanges (Mesure itinéraire des anciens Perse de 5250 m) (N.d.T.) pour soigner un païen, et ils broient des substances de leurs propres mains. Or rien ne les autorise à faire cela. Car s'il peut être permis, de crainte d'hostilité, de violer les interdits prononcés par les sages — mais même cela n'est pas simple — il est certainement interdit à tout juif d'enfreindre la Torah elle-même ; ceux qui le font profanent tout à fait le sabbat, et que Dieu ait miséricorde pour ces sacrilèges. » (Commentaire de

ne peuvent pas ne pas influencer une partie des médecins de leurs congrégations, et il est certain que parmi les autres, qui dans la pratique ne suivent pas ces avis, beaucoup choisissent néanmoins de ne pas les dénoncer publiquement.

Il ne s'agit pas du tout d'une question abandonnée. Les plus récentes positions halakhistes dans ce domaine sont exposées dans un livre concis et faisant autorité, paru en anglais en 1980 sous le titre Jewish Medical Law[124]. Cet ouvrage, publié sous les auspices de la prestigieuse fondation israélienne Mossad Harav Kook, se fonde sur les responsa d'Eli'ezer Yehuda Waldenberg, premier président du tribunal rabbinique de district de Jérusalem. Quelques passages méritent d'être cités.

Ainsi, « il est interdit de profaner le sabbat [...] pour un caraïte[125]. »

Ceci est asséné comme une règle absolue, sans la moindre restriction. Ledit caraïte peut avoir une attaque, par exemple : si c'est un samedi on doit le laisser mourir ; sans doute l'hostilité de cette petite secte n'a-t-elle rien de redoutable.

Quant aux gentils : « Selon l'arrêt formulé dans le Talmud et dans les Codes rabbiniques, il est interdit de profaner le sabbat

---

Shulhan 'Arukh, "Orah Hayyim" 330). L'auteur est en général considéré comme la plus grande autorité rabbinique de son temps.

[124] Dr Avraham Steinberg, éd., Jewish Medical Law, textes extraits des Tzitz Eli'ezer (responsa de R. Eli'ezer Yehuda Waldenberg) et traduits par le Dr David B. Simons, Gefen & Mossad Harav Kook, Jérusalem et Californie, 1980.

[125] Op. cit., p. 39.

— que ce soit en violant les lois bibliques ou les lois rabbiniques — pour sauver la vie d'un gentil gravement malade. Il est également interdit d'accoucher une non-juive le jour du sabbat[126]. »

Mais cette fois, il y a une restriction, une dispense : « Toutefois, de nos jours, il est permis de profaner le sabbat en faveur d'un gentil, en accomplissant des actes interdits par la loi rabbinique, car en agissant ainsi on empêche l'apparition de ressentiments entre juifs et gentils[127]. »

Cela ne va pas très loin, puisque les soins médicaux impliquent très souvent des actes interdits le jour du sabbat par la Torah elle-même.

"Certaines" autorités halakhistes, nous dit-on, étendent la dispense à ces actes — mais ce n'est qu'une autre façon de dire que la plupart des autorités halakhistes, dont celles qui comptent réellement, soutiennent l'opinion opposée. Cependant, la Jewish Medical Law propose une solution, tout à fait étonnante, de cette difficulté.

Cette solution repose sur un point particulièrement subtil du droit talmudique. Un interdit sabbatique émanant de la Torah n'est censé valoir que s'il y a identité entre l'intention première présidant à l'acte et le résultat effectif de celui-ci. (Ainsi, la Torah défend de broyer du blé le samedi, mais uniquement, suppose-t-

---

[126] Ibid., p. 41.

[127] Ibid., p. 41. La formule « entre juifs et gentils » est un euphémisme. Cette dispense est destinée à empêcher une hostilité des gentils à l'égard des juifs, et non l'inverse.

on, si le but est d'obtenir de la farine.) En revanche, si l'accomplissement du même acte n'est qu'un aspect incident de quelque autre dessein (melakhah seh'eynah tzrikhah legufah), alors cet acte n'a plus le même statut : il demeure interdit, certes, mais uniquement par les sages, non par la Torah elle-même. Par conséquent :

> « Afin d'éviter toute transgression de la loi, il existe une méthode juridiquement acceptable de soigner un malade non juif, même si cela comporte des actes normalement contraires à la Loi biblique. Voici ce qui est conseillé : au moment où il fournit les soins nécessaires, l'intention première du médecin doit être non pas de guérir le patient, mais de se protéger lui-même et de protéger le peuple juif contre l'accusation de discrimination religieuse et contre d'éventuelles graves représailles, susceptibles de constituer un danger, pour lui en particulier et pour le peuple juif en général. Avec une telle intention, tout acte accompli par le médecin devient « un acte dont le résultat effectif n'est pas le but principal » […] et qui n'est interdit, le jour du sabbat, que par les seules lois rabbiniques[128] ».

Cet ersatz hypocrite du serment d'Hippocrate est également proposé par un autre ouvrage récent et autorisé, publié en hébreu[129].

---

[128] Ibid., p. 41-42 ; c'est moi qui souligne.

[129] Dr Falk Schlesinger, Institut de recherche médicale halakhiste près l'hôpital Sha'arey Tzedeq, Sefer Asya (le Livre du médecin), Reuben Mass, Jérusalem, 1979.

Bien que ces faits aient été mentionnés au moins à deux reprises dans la presse israélienne [130], l'ordre des médecins israéliens est resté muet sur le sujet.

L'attitude de la Halakhah par rapport à la vie même d'un gentil méritait assurément un exposé assez détaillé ; nous évoquerons plus brièvement les autres règles halakhistes qui opèrent une discrimination à l'encontre des non-juifs, et comme elles sont très nombreuses, je ne m'arrêterai que sur les plus importantes.

Les délits sexuels

Les rapports sexuels entre une femme juive mariée et tout homme autre que son mari constituent un crime capital, pour les deux parties, et l'un des trois péchés les plus abominables. Le statut d'une femme non juive est très différent. Selon la Halakhah tous les gentils couchent à droite et à gauche, et ce sont eux qui sont visés par le verset « [ceux] dont la vigueur est comme celle des ânes et le rut comme celui des étalons[131]. » Qu'une non-juive soit mariée ou pas ne crée aucune différence : pour autant que les juifs soient concernés, l'idée même de mariage ne s'applique pas aux gentils (« Il n'y a pas de mariage [sacré] pour un païen », cf. ci-dessous). On ne peut donc qualifier d'adultère des rapports sexuels entre un homme juif et une non-juive ; de tels rapports, selon le Talmud[132], relèvent du péché de bestialité. (Pour la même

---

[130] Par moi-même dans Ha'olam Hazzeh, 30 mai 1979, et par Shullamit Aloni, députée à la Knesset, dans Ha'aretz, 17 juin 1980.

[131] Ézéchiel, 23 :20.

[132] Traité Berakhot, p. 78a.

raison, l'on suppose en général que les gentils n'ont pas de paternité certaine.)

Selon l'Encyclopédie talmudique [133] : « Celui qui a des relations charnelles avec la femme d'un gentil n'est pas passible de la peine de mort, car il est écrit : "la femme de ton prochain"[134] et non : la femme d'un étranger ; et de même que le précepte "l'homme restera attaché à sa femme"[135], qui est adressé aux gentils, ne s'applique pas à un juif, de même il n'y a pas de mariage [sacré] pour un païen ; la femme mariée d'un gentil est interdite aux [autres] gentils, mais un juif n'est en aucun cas concerné [par cet interdit]. »

Il ne faudrait pas en conclure que cela autorise les rapports sexuels entre un juif et une non-juive, bien au contraire. Mais la peine principale est infligée à la femme : c'est elle qui doit être exécutée, même si elle a été violée. « Si un juif s'unit sexuellement avec une non-juive, qu'elle soit une enfant de trois ans ou une adulte, qu'elle soit mariée ou nubile, et même si lui-même est un mineur n'ayant que neuf ans et un jour — comme il a commis un coït volontaire avec elle, elle doit être tuée, comme le serait une bête, parce qu'à cause d'elle, un juif s'est mis dans un mauvais cas[136]. »

---

[133] Encyclopédie talmudique, "Eshet Ish" ("Femme mariée").

[134] Exode, 20 :17.

[135] Genèse, 2 :24.

[136] Maimonide, op. cit., "Interdits frappant les relations charnelles" 12, 10 ; Encyclopédie talmudique, "Goy".

Le juif, quant à lui, doit être flagellé ; et si c'est un kohen (membre de la tribu des prêtres [descendant de la tribu d'Aaron]), il doit recevoir deux fois plus de coups de fouet, parce qu'il a commis une double infraction ; un kohen, en effet, ne doit pas coucher avec une prostituée — ce que sont censées être les femmes de toutes les "nations"[137].

Statut social, juridique, etc.

Selon la Halakhah, il faut (si on le peut) empêcher qu'un gentil soit nommé à une fonction lui donnant ne fût-ce que le moindre pouvoir sur des juifs. (Les deux exemples classiques sont « chef de dix soldats dans l'armée juive » et « surveillant d'un canal d'irrigation ».) Cette règle s'applique aussi aux convertis au judaïsme et à leurs descendants (en ligne maternelle) pendant dix générations ou « aussi loin que l'ascendance est connue ».

Les gentils étant (selon la Halakhah) des menteurs congénitaux, leur témoignage ne peut avoir aucune valeur devant un tribunal rabbinique.

---

[137] Maimonide, op. cit., ibid. 12, 1-3. De fait, toute femme non juive est considérée comme N.Sh.G.Z. — abréviation des mots hébreux niddah, shifhah, goyah, zonah (impure de ses règles, esclave, gentil femelle, prostituée). Si elle se convertit, elle cesse d'être niddah, shifhah, goyah, mais elle sera regardée comme zonah (prostituée) jusqu'au restant de ses jours, pour le seule raison qu'elle est née d'une mère non-juive. On range dans une catégorie à part la femme « qui, n'ayant pas été conçue dans la sainteté, est née dans la sainteté », c'est-à-dire dont la mère était déjà enceinte lors de sa conversion au judaïsme. Pour éviter tout risque de confusion, les rabbins demandent à un couple marié qui se convertit au judaïsme d'observer trois mois de continence.

Sous ce rapport, leur statut est théoriquement le même que celui des femmes, des esclaves et des mineurs juifs ; dans la pratique, il est pire.

Aujourd'hui, en effet, une femme juive est admise à témoigner sur telle ou telle question de fait, si le tribunal rabbinique la "croit" — ce qui ne peut être le cas d'un gentil.

Et si un tribunal rabbinique doit établir un fait dont les seuls témoins sont des gentils ? Voilà un problème, et qui peut avoir des implications importantes, par exemple, dans les affaires concernant des veuves : selon la loi religieuse juive, en effet, une femme ne peut être déclarée veuve — et donc être libre de se remarier — que si la mort de son mari est prouvée de façon certaine par le témoignage d'une personne qui l'a vu mourir ou a reconnu son corps après le décès. C'est un cas où le tribunal rabbinique peut accepter la preuve par simple ouï-dire, si elle est fournie par un juif déclarant sous serment avoir appris le fait de la bouche d'un témoin oculaire gentil, et pourvu que le tribunal soit assuré que celui-ci a donné l'information "en passant" (« goï mesiah lefi tummo ») et non en réponse à une question directe ; car on suppose qu'un gentil ne peut répondre que par un mensonge à la question directe d'un juif[138]. S'il le faut, un juif (rabbin, de préférence) s'arrangera pour avoir avec les témoins oculaires gentils des conversations, où, "l'air de rien", il obtiendra des déclarations "fortuites" sur le fait en question.

---

[138] Il existe une exception remarquable à cette règle, elle s'applique aux gentils titulaires d'offices publics relatifs aux transactions financières : notaires, percepteurs, huissiers, administrateurs de biens, etc. Mais aucune exception de ce genre n'est envisagée pour le commun des gentils honnêtes, pas même pour les amis des juifs.

L'argent et les biens propres

1. Les cadeaux.

Le Talmud interdit catégoriquement de faire don de quoi que ce soit à un gentil. Toutefois, comme il est d'usage de se faire des cadeaux entre partenaires commerciaux, les autorités rabbiniques classiques ont assoupli cette règle. Il a donc été établi qu'un juif peut offrir n'importe quoi à une connaissance, ou une relation (non juive), s'il est possible de considérer cela non comme un vrai présent mais comme une sorte de placement, dont on attend quelque retour. Il n'en demeure par moins interdit de faire des cadeaux aux "gentils qu'on ne connaît pas ». — Dans le même ordre idée : faire l'aumône à un mendiant juif est un devoir religieux ; la faire aux mendiants gentils est un moyen d'avoir la paix.

Toutefois, comme le répètent de nombreux avis rabbiniques, il ne faut pas les "habituer", pour qu'il soit possible de ne pas donner sans susciter de grave hostilité.

2. Le prêt à intérêt

Dans ce domaine, la discrimination à l'encontre des gentils est devenue très théorique, depuis la dispense (exposée au chapitre 3) qui permet d'exiger des intérêts même d'un créancier juif.

Néanmoins, prêter sans intérêt demeure un acte de charité louable et recommandé si l'emprunteur est juif, condamnable si c'est un gentil : de nombreuses autorités rabbiniques (mais pas toutes), dont Maimonide, font une obligation d'exiger des emprunteurs non juifs les taux les plus usuraires possibles.

3. Objets perdus

Le juif qui trouve une chose appartenant probablement à un autre juif doit faire tout son possible pour la restituer, notamment en rendant publique sa découverte. Par contre, le Talmud et toutes les autorités rabbiniques anciennes non seulement permettent de s'approprier l'objet perdu par un gentil, mais interdisent catégoriquement de le rendre[139]. Dans des temps plus récents, lorsque dans la plupart des pays, des lois ont rendu obligatoire la restitution des biens perdus, les autorités rabbiniques ont recommandé aux juifs de se conformer à ces lois pour faire acte d'obéissance civile envers l'État : il ne s'agit pas d'un devoir religieux, il ne faut donc pas vraiment chercher à retrouver le propriétaire, si selon toute apparence, celui-ci n'est pas juif.

4. Tromperie en affaires.

C'est un péché grave d'user de toute tromperie quelle qu'elle soit à l'encontre d'un juif. À l'encontre d'un gentil, seule la tromperie directe est interdite. La tromperie indirecte est permise, à moins qu'elle ne risque de causer une hostilité contre les juifs ou une insulte à leur religion. L'exemple classique est l'erreur de calcul sur le prix lors d'un échange. Si c'est le juif qui s'est trompé à son désavantage, son devoir religieux est de corriger. Si c'est le gentil qui a commis l'erreur, il faut lui dire seulement "Je m'en remets à ton (votre) calcul", pour qu'il ne puisse déchaîner l'hostilité au cas où il découvrirait sa propre erreur.

---

[139] Au dernier siècle avant Jésus-Christ, des rabbins qualifièrent cette loi de "barbare", et ils faisaient rendre aux gentils les biens qu'ils avaient perdus. Mais la loi est restée.

5. Fraude, dol.

Il est interdit de léser un juif en vendant ou en achetant à un prix exagéré. Cependant « La fraude ne s'applique pas à un gentil, car il est écrit : "Que nul ne lèse son frère"[140] ; au contraire, le gentil qui lèse un juif doit être contraint à faire réparation, mais il ne doit pas être puni plus sévèrement qu'un juif [dans un cas semblable][141]. »

6. Vol simple, vol avec violence

Le vol simple est absolument interdit — « même au dépens d'un gentil », comme le dit si exactement le Shulhan 'Arukh. Le vol qualifié (= accompagné de violence) est strictement interdit si la victime est juive. Mais le même acte commis par un juif au dépens d'un gentil n'est vraiment interdit que dans certaines circonstances, par exemple « quand les gentils ne sont pas sous notre domination » ; il est permis « quand ils sont sous notre domination ». Les autorités rabbiniques divergent sur la définition précise des circonstances rendant licite le vol qualifié aux dépens des gentils, mais tout le débat tourne autour des rapports de pouvoir entre ces derniers et les juifs — et non de considérations universelles, telles que la justice ou l'humanité. Ceci expliquerait pourquoi si peu de rabbins ont protesté contre la dépossession violente des Palestiniens en Israël par des juifs ayant sur eux un avantage écrasant.

---

[140] Lévitique, 25 :14. Comme nous l'avons fait observer au chapitre 3, l'interprétation de la Halakhah est que toutes formules de ce genre [avec "ton frère", "ton ami", "ton prochain" etc.] concernent exclusivement les Juifs.

[141] Shulhan 'Arukh, "Hoshen Mishpat" 227.

Les gentils en terre d'Israël

Outre les lois générales contre les gentils, la Halakhah contient des lois particulières envers ceux qui vivent sur la Terre d'Israël (Eretz Yisra'el) ou, dans certains cas, qui ne font qu'y passer. L'objectif de ces lois est d'assurer la suprématie des juifs dans ce pays.

Dans le Talmud et la littérature talmudique, la définition géographique exacte de l'expression "Terre d'Israël" fait l'objet de débats sans fin, qui se sont poursuivis à l'ère contemporaine entre les différentes nuances de l'obédience sioniste. Selon l'opinion maximaliste, la Terre d'Israël comprend (outre la Palestine) non seulement le Sinaï, la Jordanie, la Syrie et le Liban, mais aussi des portions considérables de la Turquie[142]. L'interprétation "minimaliste" la plus répandue s'arrête à une frontière nord qui passerait "seulement" au milieu du Liban et de la Syrie, à la latitude de Homs. C'était l'opinion de Ben Gourion. Cependant, même ceux qui excluent ainsi des territoires de Syrie-Liban conviennent que certaines lois discriminatoires (moins dures que dans la Terre même d'Israël) s'appliquent aux gentils de ces endroits, car ceux-ci faisaient partie du royaume de David. Selon toutes les interprétations talmudiques, la Terre d'Israël inclut Chypre.

L'énumération de quelques-unes des lois particulières concernant les gentils vivant en Terre d'Israël suffira à faire

---

[142] Conception défendue notamment par H. Bar-Droma dans Wezeh Gvul Ha'aretz (« Et voici la frontière du Pays »), Jérusalem, 1958. Livre très utilisé ces dernières années dans les cours d'endoctrinement des officiers israéliens.

apparaître les rapports de ces lois avec la pratique sioniste actuelle.

La Halakhah interdit aux juifs de vendre des biens immeubles (champs et maisons) à des gentils en Terre d'Israël. En Syrie, il est permis de vendre des maisons — mais pas des champs.

Louer une maison en terre d'Israël à un gentil est permis à deux conditions :

1) que cette maison ne soit pas utilisée comme habitation, mais comme dépôt ou à d'autres usages ;

2) qu'on ne loue pas aux gentils plus de deux maisons contiguës.

Cette règle et plusieurs autres sont expliquées comme suit : « [...] ainsi, tu ne leur permettras pas de camper sur le sol, car s'ils ne possèdent pas de terre, leur séjour y sera temporaire[143]. » La présence temporaire de gentils ne peut elle-même être tolérée « que lorsque les juifs sont en exil, ou que les gentils sont plus puissants que les juifs », mais : Quand les juifs sont plus puissants que les gentils, il nous est interdit d'admettre un idolâtre parmi nous ; même un résident temporaire ou un marchand itinérant ne sera pas autorisé à passer par notre pays, à moins qu'il n'accepte les sept préceptes noachiques[144], car il est

---

[143] Maimonide, op. cit., "Idolâtrie" 10, 3-4.

[144] Cf. note précédente.

écrit : "ils n'habiteront plus ton pays[145]", c'est-à-dire même pas provisoirement. S'il accepte ces sept préceptes, il devient un résident étranger (ger toshav), mais il est interdit d'accorder ce statut de résident étranger, sauf aux époques où l'on observe le Jubilé [c'est-à-dire quand le Temple existe et qu'on offre les sacrifices]. Mais durant les temps où l'on ne célèbre pas les jubilés, il est interdit d'accepter quiconque ne s'est pas pleinement converti au judaïsme (ger tzedeq)[146].

Il est donc clair que selon la Halakhah — et ceci est exactement la position préconisée par les dirigeants et les sympathisants de Gush Emunim — la question de l'attitude à adopter par rapport aux Palestiniens se réduit tout entière à une question de pouvoir de la part des juifs : si les juifs sont assez puissants, leur devoir religieux est d'expulser les Palestiniens.

Toutes ces lois sont souvent citées par les rabbins israéliens et leurs zélateurs. Par exemple, la loi interdisant de louer trois maisons adjacentes à des gentils a été solennellement invoquée par une conférence rabbinique réunie en 1979 pour discuter les accords de Camp David. Cette conférence a aussi dénoncé comme trop libérale, selon la Halakhah, la piètre "autonomie" que Begin était disposé à offrir aux Palestiniens. Les proclamations de ce genre — qui, en fait, reflètent fidèlement la position de la Halakhah — sont rarement contestées par la "gauche" sioniste.

---

[145] Exode, 23 :33.

[146] Maimonide, op. cit., "Idolâtrie" 10, 6.

Outre les lois mentionnées jusqu'ici, qui portent sur la situation de tous les gentils en terre d'Israël, il faut signaler l'influence encore plus pernicieuse des lois particulières contre les anciens Cananéens et les autres nations qui habitaient la Palestine avant la conquête de Josué, ainsi que contre les Amalécites. Toutes ces nations devaient être entièrement exterminées, selon les exhortations génocidaires de la Bible, que le Talmud et la littérature talmudique reprennent avec encore plus de véhémence. Des rabbins influents, qui ont de très nombreux adeptes parmi les officiers israéliens, identifient les Palestiniens (voire tous les arabes) à ces anciennes nations, ce qui donne un sens très actuel à des commandements tels que « tu n'en laisseras rien subsister de vivant[147] ». De fait, les réservistes appelés pour une période de service dans la bande de Gaza ont bien souvent droit à un topo ("conférence de formation") où l'on apprend que les Palestiniens de Gaza sont "comme les Amalécites". Les versets de la Bible exhortant au génocide des Madianites[148] ont été repris solennellement par un important rabbin israélien pour justifier le massacre de Qibbiya[149] ; sa déclaration a reçu un vaste écho dans l'armée. Je n'en finirai pas de citer les proclamations sanguinaires contre les Palestiniens, lancées par des rabbins au nom de ces lois.

---

[147] Deutéronome, 20 :16. Voir aussi les versets cités à la note 10.

[148] Nombres, 31 :12-20 ; notamment le verset 17 : « Tuez donc tous les enfants mâles. Tuez aussi toutes les femmes qui ont partagé la couche d'un homme. »

[149] R. Sha'ul Yisra'eli, "Taqrit Qibbiya Le'or Hahalakhah" (Les événements de Qibbiya à la lumière de la Halakhah), in Hattorah Wehammedinah, vol. 5, 1953/4.

Comportements injurieux et insultants

Sous ce titre, je voudrais donner des exemples de lois halakhistes dont l'effet le plus important n'est pas tant de prescrire une discrimination spécifique contre les gentils, que d'inculquer le mépris et la haine à leur égard. Je ne me limiterai donc pas aux textes halakhistes les plus autorisés (comme je l'ai fait jusqu'ici), je citerai aussi des ouvrages moins fondamentaux, mais d'usage courant en instruction religieuse.

Commençons par le texte de quelques prières communes. Dans l'une des premières formules de la prière du matin, le juif dévôt rend grâce à Dieu de ne l'avoir pas fait gentil[150]. La dernière partie de cette prière quotidienne (qui est reprise au moment le plus solennel de l'office du Nouvel An et de Yom Kippour) commence par cette déclaration : « Nous devons louer le Seigneur […] de ne nous avoir pas fait comme les nations […] car elles s'inclinent devant la vanité et le néant et prient un dieu qui n'est d'aucune aide[151]. » La deuxième partie de cette phrase a été censurée des livres de prières, mais en Europe de l'Est elle était maintenue par transmission orale, et maintenant, elle a été rétablie dans de nombreux livres de prières publiés en Israël. La partie la plus importante de la prière des jours de semaine —

---

[150] Et « de ne m'avoir pas fait esclave », récite-t-on aussitôt après ; sur quoi l'on ajoute (pour les hommes) « et de ne m'avoir pas fait femme » ou (pour les femmes) « et de m'avoir faite comme il Lui a plu ».

[151] Durant la récitation de ce passage, c'était, jusqu'à une époque récente, une coutume générale chez les juifs d'Europe de l'Est d'exprimer son mépris en crachant par terre. Ce n'était pas une obligation cependant. Aujourd'hui, cette coutume n'est conservée que par les plus dévots.

les "dix-huit bénédictions" — contient une malédiction dirigée à l'origine contre les chrétiens, les juifs convertis au christianisme et les autres juifs hérétiques : « Et que les apostats[152] n'aient aucune espérance, et que tous les chrétiens périssent à l'instant ». Cette formule remonte à la fin du Ier siècle, quand les chrétiens étaient une petite secte persécutée. Quelque temps avant l'an 1300, elle devint : « Et que les apostats n'aient aucune espérance, et que tous les hérétiques[153] périssent à l'instant », puis, sous d'ultérieures pressions, elle fut encore atténuée en : « Et que les traîtres n'aient aucune espérance, et que tous les hérétiques périssent à l'instant ».

Après la fondation d'Israël, on a renversé la vapeur ; beaucoup de nouveaux livres de prières reprirent la deuxième formule, qui fut prescrite par de nombreux maîtres des écoles religieuses israéliennes. Après 1967, plusieurs communautés proches de Gush Emunim ont rétabli la première version (oralement, jusqu'à présent, pas imprimée) et prient donc chaque jour que les chrétiens « périssent à l'instant ». Ce renversement s'est produit au moment où l'Église catholique, sous Jean XXIII, supprimait du service du Vendredi Saint la prière qui demandait à Dieu d'avoir miséricorde des juifs — prière que la plupart des dirigeants juifs jugeaient offensante et même antisémite.

Outre les prières quotidiennes fixes, le juif pieux doit réciter de brèves formules de grâces en certaines occasions, bonnes ou

---

[152] En hébreu meshummadim ; ce mot, dans l'usage rabbinique, désigne les juifs devenus "idolâtres", c'est-à-dire soit païens soit chrétiens, mais il ne vise pas les juifs convertis à l'islam.

[153] En hébreu minim, ce qui désigne exactement ceux "qui ne croient pas dans l'[e Dieu] Un".

mauvaises, de l'existence (par exemple, lorsqu'il étrenne un nouveau vêtement, ou mange pour la première fois tel ou tel fruit de l'année, ou qu'il voit la foudre tomber, ou apprend une triste nouvelle, etc.) Certaines de ces prières occasionnelles servent à inculquer la haine et le mépris de tous les gentils.

Nous avons vu au chapitre 2 que le juif dévot qui vient à passer devant un cimetière doit prononcer une formule d'imprécation si les morts sont des gentils, de bénédiction s'il s'agit d'un cimetière juif. Il doit prononcer des formules semblables en découvrant un lieu animé d'une nombreuse population, selon que celle-ci est juive ou non. Les maisons elles-mêmes n'échappent pas à cette règle : le Talmud[154] prescrit au juif venant à passer près d'une demeure habitée de non-juifs de demander à Dieu de la détruire, et si elle est en ruine, de Le remercier de Sa vengeance. (Inverser les formules s'il s'agit d'une maison juive.) Cette règle était facile à observer lorsque les juifs étaient des agriculteurs, regroupés dans leurs villages, ou formaient de petites communautés urbaines vivant dans des bourgades ou des quartiers entièrement juifs. Mais les conditions de dispersion du judaïsme classique la rendirent impraticable : on finit donc par l'appliquer uniquement aux églises et lieux de culte d'autres religions (excepté l'islam)[155]. Sur ce point la coutume renchérit sur la règle, puisque l'usage s'instaura de cracher (en

---

[154] Traité Berakhot, p. 58b.

[155] Selon de nombreuses autorités rabbiniques, cette règle, sous sa première forme, s'applique toujours pleinement en Terre d'Israël.

général trois fois) à la vue d'une église ou d'un crucifix, pour donner du rehaut à la formule obligatoire de regret[156].

Parfois on y ajoutait des versets injurieux tirés de la Bible[157].

Il existe aussi tout un ensemble de règles interdisant de louer de quelque façon les gentils et leurs actes, sauf si cela signifie une louange encore plus grande pour les juifs et les choses des juifs. Ces préceptes sont toujours observés par les juifs orthodoxes. Agnon, interviewé par la radio israélienne à son retour de Stockholm, où il venait de recevoir le prix Nobel de littérature, disait beaucoup de bien de l'Académie suédoise, mais il s'empressa d'ajouter : « Je n'oublie pas qu'il est interdit de

---

[156] Cette coutume a été créatrice d'événements dans l'histoire des juifs d'Europe. Un des plus célèbres, dont les conséquences sont visibles jusqu'aujourd'hui, se produisit dans la Prague du XIVe siècle. Le roi Charles IV de Bohême (qui était aussi l'empereur) mit un magnifique crucifix au mitan du pont de pierre qu'il a construit et qui porte toujours son nom (pont Charles). On lui rapporta que les juifs de Prague crachaient en passant devant ce crucifix : grand et célèbre protecteur des juifs, il ne donna pas l'ordre de persécution ; il ordonna simplement à la communauté juive de faire inscrire en lettres d'or sur le crucifix le mot hébreu Adonaï (Seigneur) — un des sept plus saints noms de Dieu, devant lequel est honnie la moindre marque d'irrespect. Les crachats cessèrent. Les autres incidents provoqués par cette coutume furent bien moins spirituels.

[157] Les versets qui étaient le plus couramment cités à cet effet contiennent des mots dérivés de la racine hébraïque shaqetz, qui signifie "abominer, détester". Ainsi, Deutéronome, 7 :26 : « tu détesteras cette chose de tout ton être, tu l'abhorreras de tout ton être, car c'est une chose maudite. » Il semble que l'application du terme injurieux de sheqetz à tous les gentils (cf. chapitre 2) remonte à cette coutume.

faire l'éloge des gentils, mais cette fois, mes louanges ont une raison précise » : le fait qu'ils avaient accordé le prix à un juif.

De même, il est défendu de s'associer à toute réjouissance populaire des gentils, sauf si cette attitude distante risque de susciter de l'"hostilité" envers les juifs, auquel cas il est permis de manifester un "minimum" de joie.

Beaucoup d'autres règles ont elles aussi pour effet d'inhiber les sentiments d'amitié et d'humanité entre juifs et gentils. J'en citerai deux exemples : la règle sur le "vin de libations", et celle sur la cuisine à faire éventuellement pour un gentil un jour de fête juive.

Un juif religieux ne doit pas boire d'un vin, si un gentil a pris quelque part que ce soit à sa fabrication. Bien plus, un vin dans une bouteille ouverte, même s'il a été confectionné entièrement par des juifs, devient tabou dès qu'un gentil touche la bouteille ou passe la main au-dessus. Explication des rabbins : les gentils non seulement sont des idolâtres, mais sont tous suspects de malignité ; on ne peut donc exclure qu'ils n'offrent en "libation" à leur idole (par des paroles chuchotés, par un geste, ou en pensée) le vin qu'un juif s'apprête à boire. Cette loi s'applique à tous les chrétiens, et dans une mesure légèrement atténuée aux musulmans. (On doit jeter le vin d'une bouteille ouverte "touchée" de l'une ou l'autre de ces façons par un chrétien ; si le "profanateur" est musulman, on peut la vendre ou la donner, mais elle ne doit pas être bue par un juif.) Cette loi s'applique aussi aux gentils athées (comment être sûr qu'ils ne font pas seulement semblant de l'être ?) mais pas aux juifs athées.

Les lois relatives à l'interdit sabbatique du travail s'appliquent dans une moindre mesure aux autres jours de fête religieuse. Si, notamment, ce jour saint ne tombe pas un samedi, il est permis d'accomplir toutes les tâches requises pour préparer des mets qui seront mangés pendant ce jour ou ces jours de fêtes. La définition légale de ces activités est : préparation de la "nourriture de l'âme" (okhel nefesh) ; mais "âme" est interprétée au sens de "juif" ; les « gentils et les chiens » en sont explicitement exclus[158].

Il existe, cependant, une dispense en faveur des gentils puissants, dont l'hostilité pourrait être dangereuse : il est permis de cuisiner un jour de fête sainte pour un visiteur appartenant à cette catégorie, à condition, toutefois, qu'on n'insiste pas pour lui faire partager la table.

Une conséquence importante de toutes ces lois — indépendamment de leurs applications pratiques — est l'attitude engendrée par leur étude constante, qui, en tant qu'aspect de l'étude de la Halakhah, est considérée par le judaïsme classique comme un suprême impératif religieux. Ainsi, un juif orthodoxe apprend dès sa prime jeunesse, dans le cadre de ses saintes études, que les gentils sont comparables aux chiens, que c'est un péché d'en dire du bien, et ainsi de suite. À cet égard les manuels pour débutants ont une influence plus pernicieuse que le Talmud et les grands codes talmudiques — entre autres parce que ces textes élémentaires donnent des explications plus détaillées, et énoncées de façon à imprégner les esprits jeunes et non encore formés. Parmi tous ces ouvrages édifiants, j'ai choisi celui qui est

---

[158] Talmud, traité Beïtzah, p. 21ab ; Mishnah Berurah sur Sulhan 'Arukh, "Orah Hayyim" 512. Un autre commentaire (Magen Avraham) exclut aussi les caraïtes.

aujourd'hui le plus répandu en Israël ; il a connu de nombreuses éditions populaires, subventionnées généreusement par l'État.

Il s'agit du Livre de l'éducation, écrit au début du XIVe siècle en Espagne par un rabbin anonyme. Il explique les 613 obligations religieuses du judaïsme (mitzvot) selon leur ordre d'apparition dans la Torah — tel qu'il a été fixé par l'interprétation talmudique (discutée au chapitre 3). Ce livre doit son influence et sa popularité durables à la clarté et à la simplicité de l'hébreu dans lequel il a été rédigé.

L'un des principaux objectifs didactiques de l'auteur est de bien faire ressortir le sens "correct" de la Bible, pour des termes tels que "compagnon", "semblable", "prochain", "ami" ou "homme" (nous en avons déjà parlé au chapitre 3). Ainsi le § 219, consacré à l'obligation religieuse résultant du verset "tu aimeras ton prochain comme toi-même", est intitulé « Obligation religieuse d'aimer les juifs », et d'expliquer :

> « Aimer avec force chaque juif signifie qu'on doit prendre soin de lui et de son argent comme l'on prend soin de soi-même et de son propre argent, car il est écrit : « tu aimeras ton prochain comme toi-même », et nos sages, d'heureuse mémoire, ont dit : « ce que tu ne peux souffrir, ne le fais pas à ton ami » […] beaucoup d'autres obligations religieuses dérivent de cela, car celui qui aime son ami comme soi-même ne lui volera pas son argent, ne commettra pas l'adultère avec sa femme, ne lui escroquera pas de l'argent, ne le trompera pas en paroles, ne lui volera pas sa terre, ni ne lui fera aucune espèce de tort. Et de nombreuses autres obligations religieuses dépendent aussi de celle-ci, comme le sait tout homme de raison ».

Le § 322, qui porte sur le devoir de maintenir à jamais asservi un esclave gentil (alors qu'un esclave juif doit être libéré au bout de sept ans), donne l'explication suivante :

« L'origine de cette obligation religieuse est celle-ci : les juifs sont le meilleur du genre humain, ils ont été créés pour reconnaître leur Créateur et l'adorer, et sont dignes de posséder des esclaves pour les servir. S'ils n'avaient pas d'esclaves pris dans d'autres peuples, il leur faudrait asservir leurs propres frères, alors ceux-ci ne pourraient pas servir le Seigneur, béni soit-il. C'est pourquoi il nous est ordonné de posséder ceux-là [des esclaves des autres nations] pour notre service, après les y avoir préparés et avoir chassé l'idolâtrie de leur langage, pour qu'il n'y ait aucun péril en nos demeures[159] ; et telle est l'intention du verset « mais entre vous, frères, enfants d'Israël, aucun de ne dominera sur l'autre avec rigueur[160] » ; aussi ne devrez-vous pas asservir vos frères, qui sont tous déjà prêts à honorer Dieu. »

Au § 545, traitant de l'obligation religieuse de prélever un intérêt sur les prêts consentis aux gentils, la loi est énoncée comme suit : « Qu'il nous est ordonné d'exiger un intérêt aux gentils quand nous leur prêtons de l'argent, et que nous ne devons pas leur prêter sans intérêt ».

Explication :

« L'origine de cette obligation religieuse est celle-ci : nous ne devons faire acte de miséricorde qu'envers les gens qui reconnaissent Dieu et l'honorent ; en nous abstenant de tels actes de miséricorde envers le reste des hommes et en les accomplissant uniquement envers les premiers, nous montrons que nous éprouvons amour et miséricorde avant tout pour ceux-ci, parce qu'ils suivent la religion de Dieu, béni soit-il. Voyez que dans

---

[159] Selon la Halakhah, un esclave gentil acheté par un juif doit être converti au judaïsme, mais il ne devient pas pour autant un véritable juif.

[160] Lévitique, 25 :46.

cette intention, notre récompense [divine], lorsque nous refusons notre miséricorde aux autres, est égale à celle de l'accorder aux membres de notre propre peuple. »

De nombreux autres passages font le même genre de distinctions. Au § 238 (concernant l'interdiction de différer le paiement d'un ouvrier) l'auteur prend bien soin de préciser que le péché est moins grave si l'ouvrier est un gentil. L'interdiction de maudire quelqu'un (§ 239) est intitulé « Ne maudis aucun juif, ni homme ni femme ». Semblablement, d'autres interdictions — de donner des conseils trompeurs, de haïr les autres, de les humilier ou de se venger sur eux (§§ 240, 245, 246, 247) — ne s'appliquent qu'aux juifs.

L'interdiction de suivre les coutumes des gentils (§ 262) signifie que les juifs doivent non seulement « se séparer » des gentils, mais aussi « médire de tous leurs comportements, y compris de leur habillement ».

Les explications et commentaires que je viens de citer — je le rappelle — sont une représentation exacte de l'enseignement de la Halakhah. Les rabbins et, pis encore, les "spécialistes (apologétiques) du judaïsme" le savent parfaitement et pour cette raison se gardent bien de contester de telles opinions à l'intérieur de la communauté juive. Et, bien entendu, ils n'en font jamais mention à l'extérieur. Au contraire, ils diffament tout juif qui soulève ce genre de questions à portée de l'oreille des gentils, et publient alors des démentis mensongers où l'art de l'équivoque atteint des sommets. Par exemple, ils s'étendront largement sur l'importance du concept de miséricorde dans le judaïsme — sans signaler une seule fois que, selon la Halakhah, "miséricorde" signifie miséricorde envers les juifs.

Quiconque vit en Israël sait à quel point ces attitudes de haine et de cruauté envers tous les gentils sont répandues et enracinées chez la majorité des juifs du pays. En général, ces sentiments ne sont pas montrés au monde extérieur, mais depuis l'instauration de l'État d'Israël, la guerre de 67 et l'ascension de Begin, une bonne minorité de juifs, aussi bien en Israël qu'ailleurs, sont peu à peu devenus plus diserts sur ces choses.

Depuis ces dernières années, les préceptes inhumains selon lesquels la servitude est le lot "naturel" des gentils ont été cités publiquement en Israël, même à la télévision, par des agriculteurs juifs exploitant de la main-d'œuvre arabe et notamment des enfants. Les dirigeants de Gush Emunim ont invoqué les préceptes religieux enjoignant aux juifs d'opprimer les gentils, pour justifier les attentats contre les maires palestiniens et couvrir de l'autorité divine leur propre projet d'expulsion de tous les arabes de Palestine.

Ces attitudes sont rejetées par de nombreux sionistes, mais régulièrement leurs arguments se fondent sur des considérations d'opportunité, d'intérêt juif bien compris, et non sur des principes universels d'humanisme et de morale. Ils déclarent, par exemple, que l'exploitation et l'oppression des Palestiniens par les Israéliens tend à corrompre la société israélienne elle-même, ou que l'expulsion de tous les Palestiniens est irréalisable dans les circonstances politiques actuelles, ou que les actes de terrorisme israéliens à l'encontre des Palestiniens ne peuvent que contribuer à l'isolement international d'Israël, etc. Mais en ligne de principe, presque tous les sionistes — et en particulier ceux "de gauche" — partagent les attitudes profondément anti-gentils prônées par l'orthodoxie judaïque.

Attitudes envers le christianisme et l'islam

Nous avons déjà signalé en passant plusieurs exemples des positions rabbiniques à l'égard de ces deux religions. Mais il sera bon de les récapituler ici.

Le judaïsme a vis-à-vis du christianisme une haine viscérale, doublée d'ignorance. Les persécutions des juifs par les chrétiens ont évidemment renforcé cette attitude, mais elles ne l'ont pas du tout créée. Elle remonte aux temps où le christianisme était encore faible et lui-même persécuté (entre autres par les juifs), et elle a été exprimée par des juifs qui ne subirent jamais les persécutions des chrétiens, ou même bénéficièrent de leur aide. Ainsi Maimonide, fuyant les persécutions musulmanes lancées par les Almohades, trouva un premier refuge dans le royaume croisé de Jérusalem, mais cela ne changea rien à ses opinions. Cette attitude profondément négative a deux sources principales :

1) La haine de Jésus et les calomnies lancées contre lui. Il faut bien sûr distinguer la position traditionnelle du judaïsme à propos de Jésus des controverses absurdes entre antisémites et apologistes juifs sur les "responsables" de sa mise à mort. La plupart des spécialistes modernes de cette période admettent que, vu l'absence de témoignages contemporains authentiques, vu la composition tardive des Évangiles et leurs contradictions, il n'est pas possible d'arriver à une connaissance historique précise des circonstances de l'exécution de Jésus. Quoi qu'il en soit, l'idée d'une culpabilité collective et héréditaire est à la fois méchante et absurde. Cependant, ce qui nous intéresse ici, ce n'est pas la réalité des faits concernant Jésus : ce sont les récits fantaisistes et diffamatoires colportés par le Talmud et la littérature talmudique — auxquels les juifs ont ajouté foi jusqu'au XIXe siècle et que beaucoup continuent encore de croire, notamment en Israël. En effet, ces pseudo-récits ont dans une large mesure déterminé l'attitude hostile des juifs à l'égard du christianisme.

Selon le Talmud, Jésus a été condamné et exécuté par un vrai tribunal rabbinique, pour idolâtrie, incitation des juifs à l'idolâtrie et outrage aux autorités rabbiniques. Toutes les sources juives classiques qui signalent son exécution en revendiquent hautement la responsabilité et s'en réjouissent ; dans la relation talmudique de ces événements les Romains ne sont même pas mentionnés.

Les récits plus populaires — qui étaient pris néanmoins tout à fait au sérieux — tel que le Toldot Yeshu, de triste renommée, sont encore plus malveillants, puisqu'ils ajoutent aux crimes susdits celui de sorcellerie. Le nom même de "Jésus" devint pour les juifs un symbole de toutes les abominations possibles, et cette tradition populaire n'a pas du tout disparu[161]. Les Évangiles aussi sont l'objet d'une haine féroce, et il n'est pas permis de les citer (et a fortiori de les enseigner), même dans les écoles juives israéliennes actuelles.

2) Le fait que pour des raisons théologiques (fondées pour la plupart sur l'ignorance), l'enseignement rabbinique classe le christianisme parmi les religions idolâtres. Cette conception repose sur une interprétation sommaire des dogmes chrétiens de la Trinité et de l'Incarnation. De même, tous les emblèmes des chrétiens, toutes leurs représentations picturales, etc. sont considérés comme autant d'"idoles" — y compris par ces juifs

---

[161] La forme hébraïque du nom de Jésus — Yéshu — a été interprétée comme le monogramme de la malédiction « que son nom et sa mémoire soit anéantis », une des formules les plus offensantes qui soit. Ainsi, les juifs orthodoxes antisionistes (comme Netureï Qarta) disent parfois « Herzl Jésus » (pour désigner le fondateur du sionisme), et j'ai trouvé dans des textes des sionistes religieux des expressions telles que « Nasser Jésus » et, plus récemment, « Arafat Jésus ».

superstitieux qui adorent littéralement des rouleaux, des pierres, ou des objets ayant appartenu à leurs "Saints Hommes".

L'islam, en revanche, jouit d'une relative clémence. Certes le judaïsme classique traite invariablement Mahomet de "fou" (meshugga), mais cette épithète est bien moins injurieuse qu'il n'y peut sembler aujourd'hui, et en tout cas elle est bien anodine auprès des termes orduriers appliqués à Jésus. De même, le Coran — contrairement au Nouveau Testament — n'est pas à jeter au feu. Il n'est pas entouré de la profonde vénération que la loi islamique voue aux rouleaux sacrés des juifs, mais au moins, c'est un livre comme les autres. La plupart des autorités rabbiniques conviennent également que l'islam n'est pas une religion idolâtre (quoique certains dirigeants de Gush Emunim aient récemment décidé d'ignorer cet avis).

Pour ces diverses raisons, la Halakhah stipule que les juifs n'ont pas à traiter les musulmans plus mal que les gentils "ordinaires". Mais pas mieux non plus. Encore une fois, Maimonide va nous fournir un exemple. Il affirme très clairement que l'islam n'est pas idolâtrie, et dans ses ouvrages de philosophie il cite même, avec le plus grand respect, de nombreuses autorités philosophiques musulmanes. Il fut, comme je l'ai dit, le médecin personnel de Saladin et de sa famille, et sur ordre de celui-ci, il devint le chef de tous les juifs d'Égypte. Et pourtant, les règles qu'il énonce, prônant la non-assistance aux gentils en danger de mort (à moins que cette attitude ne se retourne contre les juifs eux-mêmes), valent également pour les musulmans.

CHAPITRE VI

Les conséquences politiques

La persistance des attitudes du judaïsme classique envers les non-juifs exerce une profonde influence sur ses adeptes, non seulement sur les juifs orthodoxes, mais aussi sur ceux que l'on peut considérer comme ses épigones : les sionistes. Et à travers ces derniers, ces attitudes influencent aussi les orientations politiques de l'État d'Israël. Depuis 1967 Israël, devenant de plus en plus "juif", suit une politique dictée davantage par des considérations relevant de l'"idéologie juive" que par une froide appréciation de ses intérêts impériaux. Le poids de cette idéologie n'est pas perçu, en général, par les observateurs étrangers, qui ont tendance à ignorer ou à minimiser l'emprise de la religion juive sur la politique israélienne. Ceci explique pourquoi ils se trompent si souvent dans leurs prévisions.

Or, ce sont des questions religieuses, souvent dérisoires, qui plus que tout autre type de cause, provoquent la plupart des crises gouvernementales israéliennes. Sauf en temps de guerre ou de tensions menaçant la sécurité, la presse hébraïque fait une part énorme aux querelles perpétuelles entre les divers groupes religieux, ou entre les religieux et les laïcs. À l'heure où j'écris, début d'août 1993, voici quelques-uns des sujets qui, manifestement, passionnent les lecteurs de la presse hébraïque : les soldats tués au combat, nés de mère non juive, doivent-ils être inhumés dans une division séparée des cimetières militaires israéliens ?

Les pompes funèbres religieuses juives, qui ont monopole de sépulture pour tous les juifs (sauf les membres des kibboutz) seront-elles autorisées à continuer, comme elles l'ont toujours fait (sans consulter les familles), de circoncire les cadavres de juifs non circoncis avant de les enterrer ?

L'importation de viande non casher, frappée d'une prohibition de fait depuis l'instauration de l'État, va-t-elle être autorisée ou interdite par la loi ? Ces questions, et bien d'autres de la même veine, intéressent beaucoup plus le public juif-israélien que, disons, les négociations avec les Palestiniens et la Syrie.

Quelques dirigeants israéliens ont parfois tenté de passer outre aux facteurs relevant de l'"idéologie juive" pour mettre en avant les intérêts purement stratégiques de l'État : ces initiatives ont eu invariablement des conséquences désastreuses. Ainsi, au début de 1974, après sa défaite partielle dans la guerre de Yom Kippour, il était essentiel, pour Israël, d'enrayer le regain d'influence de l'OLP — laquelle n'était pas encore reconnue par la Ligue arabe comme l'unique représentant légitime des Palestiniens. Le gouvernement israélien eut donc l'idée d'un plan visant à renforcer l'emprise jordanienne en Cisjordanie, emprise qui était alors considérable. Le roi Hussein, sollicité, exigea des signes visibles de réciprocité. Ainsi, les deux parties convinrent que son principal partisan en Cisjordanie, le cheikh Jabri d'Hébron, qui dirigeait d'une main de fer tout le sud de la Cisjordanie avec la bénédiction de Moshé Dayan, alors ministre de la Défense, inviterait les notables de la région à une grande réception dans les jardins de son fabuleux palais. La fête serait donnée pour l'anniversaire du roi, avec grand pavoisement aux couleurs de son pays, et marquerait le début de la campagne projordanienne. Mais les colons religieux de Kiryat-Arba, dans les environs d'Hébron, qui n'étaient qu'une poignée à l'époque, eurent vent de ces projets ; ils rappelèrent à Golda Meir et à Dayan que hisser le drapeau d'un "État non juif" sur la Terre d'Israël est contraire au principe sacro-saint, selon lequel cette terre n'"appartient" qu'aux juifs — et ils prédirent de violentes manifestations. Ce principe étant reconnu par tous les sionistes, le gouvernement dut s'incliner, et il ordonna au cheikh Jabri de ne pas déployer le moindre drapeau jordanien. Sur quoi Jabri, gravement offensé, annula les réjouissances, et peu après, à la conférence de Fez de la Ligue arabe, le roi Hussein vota la reconnaissance de l'OLP comme unique représentant des Palestiniens. De même, aujourd'hui, ce genre de préoccupations idéologiques l'emportent largement sur toutes les autres dans l'attitude de la masse du public juif-israélien face aux négociations en cours sur l'"autonomie" palestinienne.

Nous avons été amenés à considérer la politique israélienne à la lumière d'une étude du judaïsme classique ; il en ressort que toute analyse des mécanismes de décision politique en Israël qui néglige l'importance primordiale de son caractère unique d'"État juif" ne peut qu'aboutir à de fausses conclusions. En particulier, les nombreuses comparaisons qui ont été faites entre Israël et d'autres exemples d'impérialisme occidental ou d'État de colons, passent à côté du sujet. À l'époque de l'apartheid, le territoire de l'Afrique du Sud était officiellement divisé en deux parties : 87% "appartenant" aux blancs, et 13% "appartenant" en principe aux noirs. De plus on y a établi des États officiellement souverains, nantis de tous les symboles de la souveraineté, les "Bantoustans". Mais l'"idéologie juive" interdit de reconnaître l'"appartenance" à des non-juifs de la moindre parcelle de la Terre d'Israël — ou d'y autoriser officiellement le déploiement de drapeaux jordaniens ou autres signes d'une souveraineté non juive. Le principe de la Rédemption de la Terre exige que dans l'idéal toute cette terre, et non quelque 87%, soit finalement "rachetée", c'est-à-dire devienne propriété exclusive des Juifs. L'"idéologie juive" exclut ce principe de domination très commode, déjà connu des Romains et appliqué par tant d'empires séculiers, que résume à la perfection le mot de Lord Cromer : « Nous ne gouvernons pas l'Égypte, nous gouvernons les gouverneurs d'Égypte ». L'idéologie juive interdit de telles reconnaissances ; elle interdit aussi jusqu'au moindre semblant de respect envers tout "gouverneur non juif" d'un bout de la Terre d'Israël. Le système si pratique du "clientélisme", qui transforme rois, sultans, maharadjahs, grands chefs et, à une époque plus moderne, des dictateurs fantoches en autant d'instruments d'une hégémonie impériale, est inapplicable à l'intérieur des régions considérées comme partie intégrante de la Terre d'Israël. Aussi la crainte, couramment exprimée par les Palestiniens, de se voir proposer un "Bantoustan" est-elle dénuée de tout fondement. Israël ne peut faire marche arrière que dans un seul cas : si un conflit entraîne de nombreuses pertes en vies juives, comme cela s'est produit aussi bien en 1973 qu'en 1983-1985, lors des séquelles de la guerre du Liban ; alors, en effet, un repli peut être justifié, au nom du principe que le caractère sacré de toute vie juive l'emporte sur toute autre considération. Tant qu'Israël demeurera un "État juif", il est exclu qu'il octroie, pour des raisons purement politiques, une souveraineté truquée mais comportant nécessairement des symboles réels, ou ne serait-ce qu'une autonomie effective, aux non-juifs vivant sur la Terre de Israël. Israël n'est pas le seul État exclusiviste de la planète, mais son exclusivisme est sui generis.

Outre la politique israélienne, il est permis de conjecturer que l'"idéologie juive" influence aussi des secteurs importants, sinon la majorité des juifs de la diaspora. Si la mise en œuvre effective de l'idéologie juive dépend de la force relative d'Israël, celle-ci dépend à son tour, dans une mesure considérable, de l'appui donné à Israël par les juifs de la diaspora, et en particulier des États-Unis. L'image des juifs de la diaspora et de leurs attitudes envers les non-juifs diffère complètement des attitudes du judaïsme classique, tel que décrites ci-dessus. Ce hiatus est le plus évident dans les pays anglophones, où sont produites régulièrement les plus grandes falsifications du judaïsme. C'est aux États-Unis et au Canada que la situation est la pire : dans les deux États qui soutiennent de la façon la plus décisive la politique israélienne, même lorsque celle-ci est en contradiction éclatante avec les droits de l'homme fondamentaux de personnes non juives.

Le soutien des États-Unis à Israël, si on le considère non dans l'abstrait mais dans ses aspects concrets, ne peut être ramené à un simple corollaire des intérêts impérialistes de ce pays. La forte influence exercée par la communauté juive organisée des États-Unis en faveur de toute politique israélienne est un facteur qu'il convient aussi de prendre en compte pour expliquer les stratégies moyen-orientales des diverses administrations américaines. Ce phénomène est encore plus visible dans le cas du Canada, dont les intérêts au Moyen-Orient ne peuvent être considérés comme importants, et dont néanmoins l'attachement à la cause d'Israël est encore plus absolu que celui des États-Unis. Dans les deux pays (et aussi en France, en Grande-Bretagne et dans bien d'autres États) les organisations juives soutiennent Israël avec le même genre de fidélité indéfectible que les partis communistes accordèrent si longtemps à l'URSS. Bien plus, de nombreux juifs engagés dans la défense des droits de l'homme, et qui sur d'autres questions adoptent des vues non conformistes, révèlent, dans les affaires qui mettent en cause Israël, une forme d'esprit remarquablement totalitaire et sont parmi les premiers à venir à la rescousse de cet État, quelle que soit sa politique. Il est bien connu en Israël que le chauvinisme et le fanatisme pro-israélien étalés par les juifs organisés de la diaspora (surtout depuis 1967) dépassent de loin le chauvinisme du juif israélien moyen. Ce fanatisme est particulièrement marqué au Canada et aux États-Unis ; je m'attacherai au cas de ce dernier pays, vu son importance politique fondamentale. Mais il y a aussi beaucoup de juifs — il faut le signaler — qui sur la politique israélienne, ont le même genre d'opinions que le reste de la société (opinions variant selon le pays, la position sociale, le revenu et les autres facteurs à prendre en considération).

Donc, pourquoi ce chauvinisme, parfois extrême, exprimé par une partie des juifs américains, et pas par les autres ? Il faut tenir compte de l'importance sociale-mondaine et par conséquent politique des organisations juives de type "fermé" [exclusive] : elles n'admettent par principe aucun membre non juif. (Cet exclusivisme fait un contraste amusant avec leur acharnement à condamner le moindre club qui refusent d'admettre des juifs.) Ceux qu'on peut appeler "juifs organisés", qui en dehors de leurs heures de travail passent la plupart de leur temps en compagnie d'autres juifs, continuent, je peux le supposer, d'entretenir l'exclusivisme juif et les positions du judaïsme classique à l'égard des non-juifs. Ils ne peuvent certes pas laisser libre cours à de telles attitudes, dans ces États-Unis où les non-juifs constituent plus de 97% de la population.

Mais leurs sentiments réels s'expriment quand même, par "compensation", dans leur soutien à l'"État juif" et au traitement qu'il inflige aux non-juifs du Moyen-Orient.

Comment expliquer autrement que tant de rabbins américains aient soutenu, avec une telle ardeur, des causes comme celle de Martin Luther King, alors qu'ils n'ont rien fait en faveur des droits des Palestiniens, ne serait-ce que de leurs droits individuels fondamentaux ? Comment expliquer autrement la contradiction flagrante entre les attitudes du judaïsme classique envers les non-juifs, dont notamment la règle interdisant de leur sauver la vie, sinon dans l'intérêt des juifs — et le soutien que les rabbins et les juifs organisés des États-Unis ont apporté à la lutte pour les droits des noirs ? Martin Luther King, après tout, n'était pas juif, pas plus que la majorité des noirs américains. Même si l'on considère que ces opinions sur les non-juifs ne sont partagées que par les juifs conservateurs et orthodoxes, qui aux États-Unis constituent quand même la majorité des juifs organisés — le fait est que l'autre partie, les réformés, ne se sont jamais opposés à eux, voire, à mon avis, se montrent complètement influencés par eux.

En fait, il s'agit d'une contradiction apparente, qu'il est facile d'expliquer.

Rappelons encore une fois que le judaïsme, surtout dans sa forme classique, est de nature totalitaire. Le comportement des tenants des autres idéologies totalitaires de notre époque n'a pas été différent de celui des juifs organisés des États-Unis. Staline et ses suppôts ne se sont jamais lassés de condamner la discrimination contre les noirs américains ou sud-africains, surtout au moment des plus grands crimes commis en URSS. Le régime d'apartheid sud-africain — et ses partisans dans d'autres pays — ne se sont jamais lassé de dénoncer les violations des droits de l'homme commises par les communistes ou par d'autres régimes africains. L'on pourrait citer beaucoup d'exemples semblables. La défense de la démocratie ou des droits de l'homme est donc dénuée de sens, ou même nuisible et trompeuse lorsqu'elle ne commence pas par la critique de soi, et la défense des droits de l'homme violés par le groupe auquel on appartient.

Toute défense des droits de l'homme en général, de la part d'un juif, qui ne comporte pas la défense des droits de l'homme des non-juifs dont les droits sont bafoués par l'"État juif", est aussi trompeuse que la défense des droits de l'homme par les staliniens. Le bel enthousiasme avec lequel, dans les années 50 et 60, les rabbins américains et les organisations juives des États-Unis ont embrassé la cause des noirs du Sud n'avait qu'un seul mobile, l'intérêt propre des juifs. De même que pour les communistes qui appuyaient ces mêmes noirs, l'objectif était une "récupération" politique de la communauté afro-américaine ; dans le cas des Juifs, il s'agissait d'obtenir un soutien de principe et aveugle à la politique d'Israël au Moyen-Orient.

Donc, l'épreuve réelle qui s'impose aux Juifs, aussi bien d'Israël que de la diaspora, est celle de leur capacité de faire leur propre critique, ce qui implique la critique du passé juif. L'aspect le plus important d'une telle critique doit être un examen circonstancié et honnête de l'attitude des juifs à l'égard des non-juifs. C'est ce que beaucoup de juifs exigent à juste titre des non-juifs : de faire face à leur propre passé pour prendre ainsi conscience de la discrimination et des persécutions infligées aux juifs.

Pendant les quarante dernières années, le nombre de non-juifs tués par des juifs dépasse largement le nombre des victimes juives. Les persécutions et la discrimination imposées par l'"État juif" avec le soutien des juifs organisés de la diaspora sont énormément plus graves que les souffrances infligées aux juifs par les régimes qui leur sont hostiles. La lutte contre l'antisémitisme (et toute autre forme de racisme) ne doit certes jamais cesser, mais la lutte contre le chauvinisme et l'exclusivisme juifs, qui passe nécessairement par une critique du judaïsme classique, est aujourd'hui aussi importante, sinon plus.

ANNEXE

Nous donnons ici, en annexe, deux textes parus dans le journal israélien Haaretz, pour souligner la complexité d'une situation, et un paradoxe : Les questions soulevées par Israël Shahak dans le présent livre sont débattues plus librement en Israël que nulle part ailleurs dans le monde, et, en tout cas, plus librement qu'en France.

Haaretz, supplément littéraire du 21 septembre 1994, par Benyamin Beit-Hallahmi :

Un acte d'accusation contre la religion juive.

Histoire juive – Religion juive :
Le poids de trois millénaires,
d'Israël Shahak, Pluto Press.

Lors du débat passionné qui s'est élevé récemment en Israël sur la validité de l'historiographie sioniste de ces cent dernières années, un point encore plus important a été perdu de vue par l'ensemble des participants.

Le discours historique sioniste ne commence pas réellement en 1882 : il prétend remonter bien avant dans le temps — et nous fournir une idéologie complète et définitive de l'histoire du peuple juif. C'est cette histoire qui, jusqu'ici, n'a pas été remise en question.

Quelle idée le lecteur de Haaretz a-t-il de la religion juive ? Que sait-il vraiment de l'histoire juive ? Très probablement, il tient toutes ses connaissances sur les deux sujets de son passage par les écoles israéliennes juives. Dans ce cas, son savoir ne va guère au-delà des fondements de la mythologie religieuse juive sur l'"Ère des Patriarches", l'"Exode d'Égypte" et la période du Second Temple, où se fixèrent les traits essentiels de la religion judaïque. À partir de là, l'existence juive dans les diasporas correspond dans son esprit à un long trou noir.

Dès l'école maternelle on nous fait apprendre par cœur "La nation juive s'est formée dans le Pays d'Israël" [première phrase de la Déclaration d'Indépendance israélienne]. Quant à l'existence ultérieure de cette nation dans la diaspora, la plupart d'entre nous n'en savent à peu près rien — sinon d'horribles récits de persécutions, d'oppression, de libelles sanguinaires lancés contre les juifs, auxquels font contraste les merveilles accomplies par de nombreux juifs ou groupes juifs — ces deux aspects étant présentés du point de vue sioniste. La lecture sioniste des diasporas juives recherche naturellement une cohérence et une continuité culminant dans le retour des juifs à Sion. Le but de tout récit nationaliste est d'exalter la légitimité des aspirations d'un nationalisme donné, et d'entourer ces aspirations d'une aura de rationalité en présentant l'histoire nationale comme un processus homogène, rectiligne, inéluctable, et en minimisant toutes les ruptures ou discontinuités qui ne peuvent être entièrement passées sous silence.

L'histoire nationaliste de toute nation ne peut que s'appuyer sur des dissimulations et des explications grossièrement forcées. La laïcisation de la nation juive, intervenue à une époque relativement récente, a rendu inévitable une vaste révision des opinions relatives à son passé religieux.

Que nous le déplorions ou que nous nous en réjouissions, il n'y a rien de particulièrement juif dans ce phénomène. Dans tous les pays occidentaux qui sont passés par les tribulations, voire les affres de la laïcisation, un public existe pour redécouvrir tous les trois ans le sens de religions toujours bien vivantes. De nombreux faits récents (comme l'appel au meurtre lancé contre certains écrivains musulmans, et des affaires semblables) montrent que les fanatiques religieux [the really religious] ne parlent pas en l'air et qu'ils croient vraiment à l'infaillibilité de leurs livres révélés.

Dans le cas d'Israël, les juifs religieux croient dur comme fer que le cosmos a été créé et que toute l'histoire de l'humanité a suivi son cours à l'unique intention des juifs. Ils attendent en toute confiance et pour bientôt l'érection du Troisième Temple et ne doutent pas qu'on recommencera à y immoler des animaux. Et ils n'épargnent pas leurs peines pour faire de l'État d'Israël une théocratie gouvernée selon la Halakha [la loi religieuse juive]. Ils voudraient que les Israéliens respectent les commandements de la religion juive, notamment les lois relatives au pur et à l'impur élaborées et développées par des générations de rabbins érudits bien avant qu'elles ne puissent être appliquées. Pour les juifs authentiquement religieux de telles notions ne sont pas de la rhétorique, elles forment le contenu même de leur vie. Le hic, c'est que le juif moyen ne sait à peu près rien de tout cela.

Le livre d'Israël Shahak s'articule autour de trois thèses fondamentales.

1) La religion juive, telle que la reflètent des siècles d'arrêts (juridiques) talmudiques, représente le type même de l'obscurantisme, de l'arriération, du fanatisme et du racisme.

2) L'héritage du fanatisme juif, notamment dans le domaine des attitudes envers les gentils, constitue un énorme poids mort qui entrave le développement de toute forme de civilisation juive laïque et éclairée.

3) L'historiographie juive telle qu'elle existe jusqu'à ce jour, ainsi que la plupart des recherches universitaires en matière de judaïsme, ne sont que des tentatives de gommer ou de déformer les réalités énoncées dans le cadre des thèses 1 et 2. Shahak accuse toute l'historiographie juive de visées délibérément apologétiques, et estime nécessaire de réécrire l'histoire juive dans un esprit authentiquement laïc.

Une telle histoire, selon le programme qui en est esquissé dans ce livre, serait bien plus critique et subversive que les écrits des meilleurs nouveaux historiens actuels. Par exemple, l'existence des juifs dans la diaspora y aurait bien plus d'importance que la révolte de Bar Kokhba [132-125 apr. J.-C.], car la civilisation où nous vivons a été en fait façonnée par des siècles d'expérience au milieu des autres nations. Cela devrait être incontestable. Et pourtant, nous ne cessons de le nier chaque fois que nous nous prenons pour les héritiers de héros comme les Maccabées [167-165 av. J.-C.] plutôt que des antihéros de Varsovie ou de Casablanca.

Shahak s'est rendu célèbre en Israël comme un homme de principes, s'obstinant à assener des vérités que la plupart de nos compatriotes ne veulent pas s'entendre dire. Il n'a jamais manqué une occasion de dénoncer publiquement la politique des gouvernements israéliens dans les Territoires — raison pour laquelle Ammon Rubinstein (l'actuel [septembre 1994 — N.d.T.] ministre de l'Éducation, de la Culture et des Sports) exigeait, il y a plusieurs années, qu'il fût privé de sa chaire de chimie à l'Université hébraïque. Shahak s'est toujours efforcé de rester à l'écart de tout consensus juif israélien ; en général il y a réussi. Et pourtant son livre déborde d'une affection sincère, d'un amour proprement filial pour la nation juive.

C'est un livre assez court, écrit en anglais et publié en Angleterre à l'intention du lecteur non juif. Écartant tous les voiles, il décrit la société juive traditionnelle comme fanatique et ultra-conservatrice. Shahak rappelle qu'un État juif selon l'idéal des juifs religieux, autrement dit un État gouverné selon les règles de la religion juive, n'a jamais existé ; que certes, à diverses périodes, il y eut des communautés juives vivant selon ces règles, parce qu'elles étaient assez puissantes pour les imposer à leurs membres ; et que ces communautés, comme le montrent les documents, ignoraient toute espèce de "pluralisme".

Même en notre temps il n'est pas difficile de citer des cas de juifs religieux qui méconnaissent complètement les droits des non-juifs. Il est important de reconnaître que ce mépris des droits des autres ne concerne pas que les Palestiniens. L'histoire d'Afrique du Sud au cours de ces cinquante dernières années fournit le meilleur exemple à ce sujet.

Assurément, de nombreux juifs se sont distingués dans les luttes contre l'apartheid, mais il s'agissait toujours de juifs laïcs. La communauté juive orthodoxe d'Afrique du Sud ne se souciait pas le moins du monde de l'apartheid. Si, il y a dix ans à peine, on avait interrogé sur ce sujet l'un quelconque des trop nombreux sectateurs de Habad [du rabbin de Loubavitch] dans ce pays, il aurait répondu catégoriquement que l'apartheid étant imposé uniquement aux "autres", les juifs n'avaient pas à s'en préoccuper. Cet exemple peut être généralisé. L'attitude juive traditionnelle envers l'humanité était que seuls les juifs comptaient : quant au reste, on ne voyait quelle raison auraient eu les juifs de s'y intéresser.

Sur toute question, le seul critère de décision était de savoir si cela était bon ou mauvais pour les juifs. En suivant les racines de cette attitude, Shahak remonte à la Halakha, entre autres aux responsa [arrêts écrits des rabbins, N.d.T.] sur le salut des vies non juives, notamment aux responsa qui traitent de la question : un juif peut-il violer le sabbat pour sauver la vie à un gentil ?

L'opposition radicale des partis religieux juifs israéliens à tout projet de législation en matière de droits de l'homme ne peut être interprétée comme une volonté de sauvegarder le triste statu quo religieux, ou d'obtenir davantage de fonds publics pour les yeshivot [écoles religieuses, (N.d.T.)].

Il s'agit pour eux de défendre cette position de principe, que les êtres humains n'ont pas tous les mêmes droits. Quand les juifs religieux partent en campagne pour ce qu'ils appellent la "dignité humaine" dans les lieux de sépulture, ils ne pensent absolument pas à défendre la dignité des non-juifs.

Quand ils s'opposent à l'avortement, ils précisent qu'ils ne pensent qu'aux fœtus juifs. Ces mouvements ont des précédents séculaires dans la tradition religieuse juive.

Contre l'apologétique juive, contre tous les récits à la gloire d'un judaïsme prétendument "humaniste" et "pluraliste", contre les appels lancés aux juifs laïcs pour qu'ils se repentissent et reviennent à la religion, Shahak impitoyablement ramène à la surface les aspects sombres de la tradition juive, en demandant à son lecteur s'il veut la perpétuer. Shahak convient avec le sionisme que la vie des juifs dans la diaspora était difficile. Mais il en fournit une explication radicalement différente. Par exemple, ce que l'historiographie juive perçoit comme "les persécutions antijuives de 1648-1649 en Pologne orientale" apparaît dans son analyse, non pas comme un déferlement d'antisémitisme tribal dirigé par un Chmielnicki haïsseur des juifs, mais comme une révolte paysanne comportant des représailles contre ceux-ci — en raison de leurs rôles sociaux et économiques bien réels. Ce faisant, Shahak ne minimise nullement l'ampleur de la calamité qui s'abattit alors sur les juifs. Mais il rapporte l'antisémitisme à l'histoire, et nie notamment que tout non-juif soit fatalement antijuif. Bien au contraire, il voit dans l'antisémitisme l'effet de situations historiques durant lesquelles les juifs ont été mêlés, d'une façon ou d'une autre, à des conflits inter-ethniques ou à l'oppression d'une classe sociale ou d'un groupe national par un autre.

Le style polémique de Shahak donne à son livre l'allure d'un acte d'accusation contre la religion juive. Cela soulève un problème, du moins dans une perspective humaniste plus large. Y a-t-il quelque chose de spécifiquement juif dans le chauvinisme et l'égocentrisme juifs ? Les juifs seraient-ils en quoi que ce soit pires que les autres à cet égard ? Les chauvins juifs sont-ils pires que les chauvins irlandais, russes ou japonais ?

Shahak semble penser qu'il existe une différence qualitative entre la Halakha et les autres codes religieux, et que nous sommes tous viciés, en Israël, par le poids écrasant d'une tradition qui considère l'humanité tout entière du haut de son petit clocher. Mais des exemples analogues d'ethnocentrisme n'abondent-ils pas de par le monde ? En quoi la tradition juive serait-elle pire que celles des Hutus et des Tutsis ? En quoi l'attitude du judaïsme à l'égard des gentils serait-elle pire que celle de l'hindouisme envers les "intouchables" ? En quoi le sentiment de supériorité et d'une affinité particulière avec le divin serait-il plus répréhensible chez les juifs que chez les sikhs, par exemple, ou dans des centaines d'autres groupes ethniques ?

Les luttes pour les droits de l'homme, la démocratie et l'égalité sont toujours allées de pair avec les processus de laïcisation, parce qu'il y a toujours un abîme entre les traditions religieuses et les idées humanistes. Il en est ainsi en Israël comme dans tout autre pays. Si nous autres Israéliens désirons promouvoir la démocratie et la justice sociale, ce n'est certes pas dans une tradition religieuse, qu'elle soit juive ou tibétaine, que nous trouverons des motifs d'inspiration pour notre cause. Shahak semble partager les aspirations d'une majorité des juifs israéliens, dans sa quête d'une normalité et d'une modernité de l'existence juive, opposées aux anomies historiques qui ont marqué la vie dans la diaspora. Mais, de plus, il veut que cette nouvelle existence nationale soit post-sioniste et, autant que possible, éclairée d'un regard critique sur l'ensemble de ce passé juif encore si proche, et pourtant déjà si loin de nous.

Haaretz , 31 décembre 1995, par Israël Shahak

La loi religieuse juive est inhumaine[162]

Dans son article ("Who is a pursuer", Haaretz, 11 décembre) le rabbin Yehuda Hankin cite le verset : « tu ne te dressera pas contre le sang de ton prochain » (Lévitique, ch.19, verset 16) et essaye de le comparer à la loi, "commune dans quelques états civilisés, enjoignant à tous les citoyens de sauver la vie de tout être humain". Ce devoir, dit l'auteur, provient uniquement du verset biblique cité, comme si le devoir élémentaire de sauver une vie humaine n'était pas déjà connu dans la Grèce et la Rome ancienne !

Quittons un instant le problème de la source de ce devoir, et concentrons-nous plutôt sur le sens des mots "être humain" {"Adam" en hébreux} dans la loi religieuse juive. Je ne sais pas si le rabbin entend le dicton talmudique bien connu qui sert de base à l'ensemble de la loi religieuse juive : "Vous (les Juifs) êtes appelés êtres humains {Adam}, mais les nations du monde (c'est-à-dire les non-Juifs) ne sont pas appelés êtres humains {Adam}" ce qui limite l'usage du concept "êtres humains {Adam}"

---

[162] Quelques phrases ont été omises dans l'article de Haaretz. Je rétablis quelques unes de ces coupures dans mes notes. Ceci est le premier article publié dans Haaretz au sujet de ces faits, bien que la direction du journal se montre plus libérale dans la rubrique des letters to the editor (courrier des lecteurs). Avant le meurtre de Rabin, elle avait l'habitude de ne publier sur de tels sujets que des articles écrits par des rabbins ou des personnes similaires, ne contenant que les mensonges et l'apologétique habituels.

aux juifs uniquement. À un autre endroit de son article, en discutant de l'interdiction de tuer des non-Juifs {Goyim}, il n'utilise pas l'expression "êtres humains", mais parle seulement de non-Juifs. Il se retient de dire qu'il y a dans la loi religieuse juive une prohibition générale et égale de tuer des êtres humains. De la même manière, il ne mentionne pas le fait que, bien qu'il soit interdit aux Juifs de tuer des non-Juifs, cette interdiction est très différente de l'interdiction de tuer des juifs. Contrairement à ce qui est "commun dans quelques états civilisés", quand un Juif tue un non-Juif, il ne devrait pas, conformément à la loi religieuse juive, être puni en aucune façon, et l'acte n'est pas considéré comme un meurtre.[163]

La loi religieuse juive édicte explicitement, déjà dans le Talmud, qu'il est défendu aux juifs de sauver la vie d'un non-Juif. En ce qui concerne la vie d'un Juif irréligieux, la loi religieuse juive dit que les Juifs pieux devraient le tuer, s'ils peuvent le faire[164] Maimonide a écrit : "Mais en ce qui concerne les non-Juifs avec lesquels nous ne sommes pas en guerre[165] et les gardiens de troupeaux (juifs) de petit bétail, et autres pécheurs

---

[163] C'est l'une des raisons pour lesquelles les colons les plus cruels et les plus meurtriers, et leurs supporters, sont des Juifs pieux.

[164] C'est-à-dire s'ils peuvent le faire sans mettre en danger leur propre vie, ou celle d'autres juifs, par le meurtre d'un Juif hérétique ou infidèle.

[165] Comme l'ont dit les commentateurs (et quantité d'autorités modernes) la loi religieuse juive commande aux juifs pieux de tuer tous les membres d'une nation avec laquelle les Juifs sont en état de guerre. La principale raison pour laquelle une extermination des Palestiniens n'a pas été entreprise est que la majorité des Juifs israéliens sont séculiers (non-religieux).

(juifs) [166] similaires, nous ne devrions pas causer intentionnellement leur mort, mais il est défendu de les sauver, car il est écrit : « tu ne te dresseras pas contre le sang de ton prochain », et un non-Juif n'est pas ton prochain" (Les lois du meurtre et de la conservation de la vie, chapitre 4, loi 11). Concernant les pécheurs juifs, Maimonide a écrit à peu près : "Cependant, les Juifs infidèles et idolâtres [167]... et ceux qui dénient la divinité de la Bible et de la prophétie, c'est un devoir pieux (mitzva en hébreux. On utilise le même terme, par exemple, pour l'obligation de faire la charité) de les tuer. Si les juifs ont la possibilité de les tuer publiquement en les décapitant avec une épée, ils devraient agir ainsi."[168] (Ibidem, loi 10).

En ce qui concerne la conservation de la vie, le sujet est traité plus spécialement en relation avec les lois du Sabbat. Quand sauver une vie non-Juive rend nécessaire la violation du Sabbat par un juif pieux, alors une telle violation est strictement interdite. Une telle violation est cependant permise, et même ordonnée, dans le cas du sauvetage de la vie d'un Juif.

---

[166] Durant les temps talmudiques, les gardiens de troupeaux de chèvres et de moutons (mais pas de gros bétail) en Palestine étaient traités comme des non-Juifs, probablement à cause de conflits entre eux et les paysans juifs.

[167] Après les mots pêcheur juifs, il y a une omission. J'avais cité Maimonide qui explique que n'importe quel juif qui refuse intentionnellement de respecter un seul commandement (par exemple s'il mange de la nourriture non-Kasher en public) doit être considéré comme "un infidèle" et traité en conséquence.

[168] Autre omission. Maimonide explique que si des Juifs pieux n'ont pas la possibilité de décapiter publiquement les Juifs infidèles, ils devraient essayer de leur donner la mort par attentat subreptice.

Le sage, rabbi Aquiva Eger (mort en 1837) dont les notes sur le "Shulham Arukh" le principal recueil des lois religieuses juives, sont imprimées dans l'édition courante de ce livre — et étaient donc certainement bien connues du Kolel de l'Université Bar-Ilan où Yigal Amir effectuait ses études — stipulait que les Juifs n'ont pas le droit de sauver un navire en danger le jour du Sabbat si il n'ont pas une connaissance certaine que le navire transporte des Juifs, puisque la plupart des voyageurs en bateau sont des non-Juifs.

La "nouvelle historiographie juive" a découvert de nombreuses tentatives de cette sorte, principalement en Allemagne et en Pologne au 18° et au début du 19° siècle, mais de tels "attentats" étaient chose commune en d'autres pays et en d'autres temps.

On trouve aussi dans le Talmud une discussion sur ce que les Juifs devraient faire un jour de Sabbat, si un mur s'est effondré sur des êtres humains, qui enjoint que seulement dans le cas où il y a une possibilité qu'un Juif se trouve sous le tas de pierres, il est permis à un Juif de déplacer les pierres pendant le Sabbat. Bien sûr, il est strictement interdit aux Juifs pieux d'apporter une assistance médicale à un non-Juif pendant le Sabbat, même si sa vie est en danger, excepté si en sauvant le non-Juif, des Juifs peuvent aussi être mis hors de danger. Laissez-moi souligner que cette règle est appliquée actuellement, et que les Juifs religieux, et plus spécialement les ultra-religieux (Haredim) la respectent Contrairement à eux, ceux que nous appelons "goyim" font leur possible dans la plupart des cas pour sauver la vie de tout être humain.

Ainsi, contrastant avec les lois et les coutumes de la plupart des états civilisés, la loi religieuse juive est explicitement une loi inhumaine. Ces inhumanités sont répétées encore et encore dans tous ses livres, dans le Shulhan Arukh et ses principaux commentateurs.[169] Nous devrions savoir que dans la mesure où la police des États non-Juifs n'intervenait pas, les Juifs pieux refusaient vraiment de sauver une vie non-Juive et tuaient cruellement, directement ou par un meurtre camouflé[170], les juifs irréligieux, sans autre forme de procès. Ils ne tuaient pas seulement les "traîtres" et les "indicateurs" juifs, comme on le prétendit par la suite. Ils n'accordaient pas la moindre attention au commandement : « Tu ne tueras point » quand ils tuaient ceux qu'ils considéraient comme des hérétiques juifs, tout comme l'Inquisition ou les Croisés n'accordaient pas non plus la moindre attention au même commandement, en lequel ils croyaient également, quand ils tuaient ceux qu'ils considéraient comme les ennemis de Dieu.

Il y a cependant deux différences majeures entre les deux cas. Ce que commis l'Inquisition catholique est parfaitement connu, principalement parce que des catholiques indignés ou infidèles, ou d'autres critiques chrétiens ont protesté contre cela. Ce qui a été commis par ce que l'on peut appeler l'Inquisition juive, qui n'est pas moins terrifiant que les actes reprochés à l'Inquisition catholique, n'est pas connu parmi nous. La raison en est que, au lieu d'écouter la voix des rebelles et des infidèles juifs, la majorité des Juifs préfère écouter la voix des rabbins. Ceux-ci "expliquent"

---

[169] Leur influence est par conséquent répandue sur tous les Juifs qui étudient de tels livres dans un esprit religieux, et croient en ce qui est écrit.

[170] C'est-à-dire attribuable à une autre cause, une agression antisémite par exemple. (N. d. t.)

la loi religieuse juive aux juifs séculiers jusqu'à ce qu'ils soient capables de créer une théocratie dans laquelle ils traiteront les juifs séculiers plus sévèrement que Khomeini n'a traité les iraniens séculiers. Ils tueront (ou rééduqueront) tous les Juifs qui ne veulent pas leur obéir. Cela s'ajoutera à ce qu'ils feront à l'égard des non-Juifs dans ce pays, ce qui, dans notre cas, signifie ce qu'ils feront aux Palestiniens.

La seconde différence entre nous, les Juifs, et les chrétiens, est que l'Église catholique, et à coup sûr la majorité des chrétiens actuellement vivants, se sont repentis de ce que l'Inquisition a fait, et ils soutiennent, au moins verbalement dans certain cas, la liberté d'expression et de conscience, et le régime démocratique. Par contraste, avez-vous jamais entendu dans le judaïsme, fût-ce un seul rabbin orthodoxe, ou même un seul rabbin, conservateur ou réformé[171], qui se repente pour ce que Maimonide a écrit à propos des non-Juifs, ? Où avez-vous jamais entendu parler dans le judaïsme d'un seul rabbin qui condamne un seul propos du Talmud ? On ne peut échapper à la conclusion que la tradition religieuse juive, qui comporte l'interdiction de sauver la vie à un non-Juif et le devoir de tuer les juifs infidèles, est encore dangereuse car elle a conservé son autorité parmi certains Juifs.[172]

---

[171] Je considère les rabbins Réformés, ensemble avec les Juifs libéraux des États-Unis, comme encore pire que les rabbins orthodoxes, à cause de leur hypocrisie et de leur grandiloquence, qui rendent beaucoup plus grande leur capacité de tromper.

[172] La même conclusion doit être tirée dans le cas de l'Islam, comme l'exemple de Rushdie l'a montré.

Et pour en revenir au Rabbin Hankin : Il n'y a aucun rapport entre les lois civilisées qui obligent chaque citoyen à aider n'importe quel être humain dont la vie est en danger (qu'il soit Juif ou non) et la loi religieuse juive qui limite explicitement ce devoir humain uniquement à l'égard des Juifs.

La relative absence de critique ouverte de la tradition islamique par des contestataires et des infidèles islamiques rend l'Islam fort et dangereux.

Déjà parus

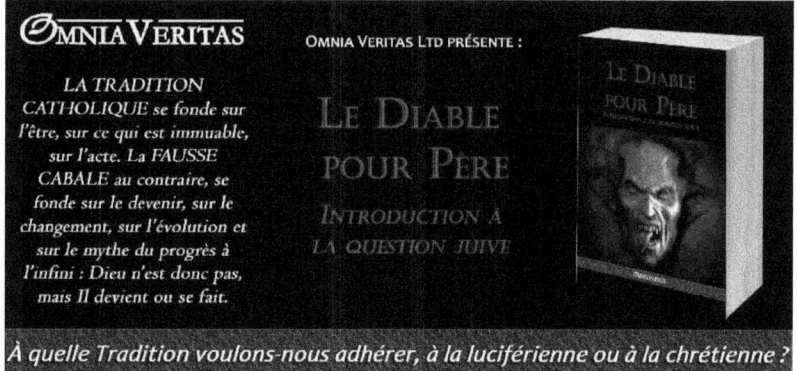

Ce volume est l'esquisse, à grands traits, de la tolérance des juifs, à travers dix-neuf siècles, à l'égard des chrétiens, spécialement des chrétiens français.

La France est perdue si elle ne brise à bref délai le réseau des tyrannies cosmopolites...

Omnia Veritas Ltd présente :

LE PASSÉ, LES TEMPS PRÉSENTS ET LA QUESTION JUIVE

Quel est le peuple, quelle est la nation qui devrait être la première du monde par ses vertus, par son passé, par ses exploits, par ses croyances ?

Que s'est-il passé pour ce qui devrait être ne soit pas ?

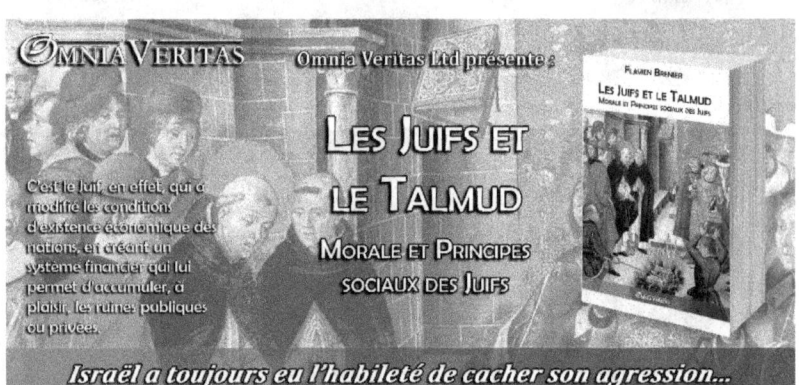

Israël a toujours eu l'habileté de cacher son agression...

www.omnia-veritas.com

www.ingramcontent.com/pod-product-compliance
Lightning Source LLC
Chambersburg PA
CBHW071711160426
43195CB00012B/1649